陈振濂学术著作集

西泠印社史研究导论

陈振濂　著

上海书画出版社

总　序

陈振濂

上海书画出版社社长王立翔兄提出构想，要对近三十年来书法的学术理论研究进行一轮大规模的整理与重建。作为行动之一，是使新时期初曾经叱咤风云、滋生了当代书法美学新学问新气象的《书法研究》复刊，为当代书学理论的飞速发展，及时地提供了一个崭新的、又历史悠久的新空间新领地。我在中国书协分管学术研究工作，对这一重大举措当然是十分赞成。一个出版社，在今天物欲横流、又以经济效益做取舍的"利润的时代"，却独自承担市场风险，甘愿为学术研究付出自己的努力，这样的决策和这样的前瞻性，对我们而言是十分企盼、求之不得的。与王立翔兄相交近二十年，从古籍出版社到书画出版社，眼看着他辛勤耕耘，高屋建瓴，开疆拓土，风生水起，心中自然为他、也为书法学术研究遇到一个好时代而由衷地高兴！

从去年开始，王立翔兄就提议，当代三十年中若论书法理论成果与业绩，"陈振濂旋风"是一个不可忽视的重要的标志性的存在，故而应该加以整理与概括，让过去的书学家引出些温暖珍贵的回忆；让今后的年轻书学后辈能充分了解我们从哪里来、今后还可以往哪里去。因此动员我在繁忙的公务、教务和学术艺术活动中，抽出相当的时间来整理旧著，形成一个“陈振濂学术著作集”系列，由上海书画出版社陆续出版。这既可以配合市场之需，造福后人；也可以为书学史集聚一批有体系的成果留存于当世。

这样的构思当然极好。但因为我的社会公务工作十分芜杂，在大学的日常教学压力很大，自己又在艺术创作上也负担甚重；尤其是已经坚持了五年之久、准备通过十年完成的一部有价值的“代表作”——《当代书法史记》的创作大工程，坚持每日一记，耗费了大量时间。所以在王立翔兄有此建议之后，我也还是迟迟未能着手启动。拖沓年余，十分惭愧。到了2017年夏，再也拖不下去了，遂下定决心，踏踏实实从头做起：先收集已出版的旧书，又作编排，再逐册写出《新刊前言》，每篇约3000字，以某一个课题、一部旧著为契机，通过新撰《新刊前言》，对这一具体领域做一次三十年发展轨迹的梳理。在成批集中进行《新刊前言》撰稿过程中，我自己也经历了一次关于学术史的“洗礼”。三十年学术探索经历，对我而言，其中的迷茫、彷徨、犹豫，不得其解的困惑，豁然开朗后的欣喜，现在想来，种种起伏抑扬，几乎伴随了我的前半生。

列入这个“学术集”的文字，都是三十年以来，在不同时期、不同阶段、不同环境、不同针对面，以及不同写作目标下产生的研究成果。在这次编辑过程中，我向出版社提出的唯一要求，就是保持原书原样。许多著述，反映或者说是代表了当时的认识水平和理论视野。三十年间，也许观察视野更开阔了，研究水平更全面了，但没有当时的筚路蓝缕，没有当时的新硎初试，没有当时的发愿发力，没有当时的绮丽想象，没有当时的雄伟蓝图，今天的学术发展就不会有这样的丰厚成就。之所以强调原汁原味，就是要告诉后来者，改革开放后新时期第一代书学研究的开创者们是怎么走过来的，他们当时想的是什么，他们曾经达到过什么样的高度、宽度与深度，他们的研究方法有哪一些时代特征，在今后，这些著作将会成为当代书学史研究不可或缺的基本素材和原始文献。这是从学术史上做出的一个考虑。

而从这些著述本身看，它们因其当时的开拓性而成为三十年间学习书法时的入门必读书和第一代成果。学书者要获得作为基础能力的各种专业知识和观点，必须先阅读这些书籍和论文以获得基本定位、思考起点和发言权，以使自己从外行进而转为内行。从这个意义上说，每一代都有初学者需要获取基本的专业知识，每一代研究学者都希望了解和把握前贤已有的成果以为再出发的起点。这样，这些已经横贯了三十年的学术成果就永远拥有稳定的代代传递的读者。今天新刊这些著作，也就是服务于当下的社会大众，服务于书画篆刻界和文艺界。从出版社的角度来说，这样的努力进取，可以呈现出应尽的文化责任，恢复中国“诗书画印”传统文化的目标；而这样的持续推进，正是今天整个社会大力提倡树立中国文化自信、弘扬中华文明的需要。

更重要的是，在这套“学术集”中，除了专题性很强的各项研究著作以外，还有两套系列的书、画、印三位一体的著述群。一是《品味经典》丛书，共十册。书法四册，中国画四册，篆刻两册，均统一体例，以学术札记方式对几千年来书、画、印的名品经典作了细致的展开与点题，还提出许多悬疑未解的学术问题以供后人深入研究。二是关涉书法、国画、篆刻三大门类的现代新型的专业高等教学程序与教学方法。即共分三册的《中国画形式美学的展开——大学中国画艺术形式与技巧的专业训练系统》《书法形式美学的展开——大学书法艺术形式与技巧的专业训练系统》《篆刻形式美学的展开——大学篆刻艺术形式与技巧的专业训练系统》。是对书、画、印三门传统艺术除了纵向体系之外，于横向的方法论应用上进行的大胆改革与创新。近百年新学兴起，尤其是改革开放以来，我们以中国古典的经典内容为旨归，以现代思维与现代逻辑作为方法论，以“训练”程序展开来代替“经验”授受，创造和总结出了一套有着科学检验标准的有形的教学方法。鉴于中国古代的书、画、印，在一个传统的经验架构中，一直缺少一种科学的自证和他证的内含；而这三部教程，则正是在这方面所做的有益尝试——推进美学新探索，建立教学新体系。

百年中国美术传统（包括教育传统）建立的历程，是一个“西学东渐”，甚至是充分西化的过程。各大美术学院素描、色彩、速写、写生、石膏、人体、透视、解剖等分类课程进入基础训练，以及以油画、版画、雕塑、水彩、水粉艺术设计分科单设；即使在“中国画”一科中，也强调人物、山水、花鸟画分科教学，所有这些，都是不争的“西化”事实。在这样的背景之下，西泠印社反其道而行之，倡导“传统主导”“东学西渐”；尤其强调诗、书、画、印一体综合，互为因果，互相辉映，并把它看作是树立中华“文化自信”的一个重要象征和标志。倘如此，则综合书、画、印的《品味经典》十册，和同样综合书、画、印的大学专业训练教程三册，作为整个学术集的一个重镇，对当代百年的书法、国画、篆刻的现代发展，具有改变当代艺术史发展轨迹的最核心的价值和意义。

从开创学科的书法学、书法美学、书法史学、书法教育学、空间诗学、比较书法学、创作学等等的专题写作，再到诗、书、画、印综合一体的两大套丛书，当然还有诗词研究、中国画美学、篆刻史与美学、日本书法史和欧美相关历史……我希望这套“学术集”能真正勾勒出这三十年来中国书法理论和传统艺术理论发展历程的一个较具典型意义的重要侧面。倘如是，一部学术读物、教科书、学科著作，就足以不朽；作为这个时代的历史理论文献，也足以传诸后世。当然，是否真的不朽，那就要取决于它本身拥有的品质，以及它在当下所发挥的影响力了。

——我十分忐忑地期待着来自业界的评判。

2017 年 7 月 17 日

草于古钱塘颐斋

新刊前言

陈振濂

四十年来，关于西泠印社史方面的专题学术研究论文，我写了已有二十篇之多，如果再加上近十年来为许多印社大型活动写的《序》和《前言》，更是达到五六十篇。对我而言，这是一个十分重要又十分稳定的研究领域，是“可持续发展”的、可以尽一生精力充分投入的。

一

记得最早接触西泠印社史并专门为它写论文的机缘，是 1983 年西泠印社八十周年社庆。当时我们同学几个刚由沙孟海先生介绍,加入西泠印社不过两年。八十大庆时，德高望重、众望所归的沙老当选为西泠印社社长。在沉寂二十年后，百年名社西泠印社再次迎来了勃勃生机。我当时年未而立,受命写一篇《印学话西泠》的万五千言长文，交《书法研究》1983 年第四期，作为一组印社社庆文章的第一篇抬头文章发表。其后，又对社史研究中的创社四子之一吴隐做了详细的考察，同样写了万言长文《关于吴隐在西泠印社初期活动的考察》。陆陆续续的文章一多，就有了一个想法：西泠印社是百年名社，但因为年代较近，有许多原生状态的资料还未经梳理，应该有一部编年体的文献汇纂式的大书作为工具书以供随时查考。正逢西泠印社将迎百年社庆(2003年)，于是在那前一年的2002年，我动员浙江大学中国艺术研究所的博硕士研究生们，一起来完成一部厚得像大砖头的百万字的《西泠印社百年史料长编》。百年社庆时，为西泠印社交上了一份重要的学术成果。

近900页的大型资料汇集，总要有一个《编纂说明》，以表明我们的动机、本书的功用、未来出版后的期望吧。随着我们编辑的资料越来越丰富，一般的技术性的“编辑说明”好像已经远远不够了。于是我自己操刀，写了一篇长约6万言的《西泠印社史研究导论》。试图用这样的以学术论文代前言的方式，勾画出我们心目中百年西泠的基本影像和发展脉络，以及它包含有哪些今后值得进一步做的课题，甚至还有探讨据此以构建“西泠学”的可能性的学术推衍与想象。于是，一个本来仅仅作为导言的“引子”式的内容，渐渐演变成为一种有严密思考的课题规划、课题目标、课题实施步骤、通过系统性观点展开的学术基点提示和对未来的研究展望，它开始有了鲜明的独立自主品格。

西泠印社史研究，一定是一个高大上、高精尖的研究。因为它本来就是“小众”的、江南文人士大夫类型的。今天我们努力奉行“以人民为中心”的艺术为大众的新思想，其实江南文人士大夫的人才队伍，本来只是“人民”大概念中很小的一个组成部分——而且是偏重古典传统文化的那个特定部分，与现代性、社会性既相对比较疏离隔膜，又筑基于古代诗书画印、金石篆刻的古典形态，而不是白话文、简体字和写实性人物画的现代形态。因此，它肯定是不那么时尚、新潮，或者是先进、前沿的。如果不是改革开放四十多年来百花齐放的文艺方针，尤其是“新时代”以来重视弘扬传统文化、倡导中国文化自信、鼓励中国文化走出去的国策，在不断起到催化、推动、引领、倡导、影响的巨大作用，那么，西泠印社即使是一个百年名社，也只是社会文化大格局中极小的一个“细胞”，并没有多少值得大书特书的“惊人之处”。但在今天这个时代，它却应运而生了一个轮廓分明的“西泠学”，它甚至可能成为“显学”。这一切都是时代的恩赐，配合了“新时代”弘扬中华传统文化的时代精神和民族精神塑造的社会需求。也即是说，今天的“西泠学”的构想，其实是时代催化、文明进步催化的必然结果。

谈到“西泠学”的学科内容，首先是对历史的回顾与追溯，比如最直接的是在2006年，我们曾经特意召开了“西泠印社早期社员社史研讨会”并出版了全三册的学术论文集。以后三年一届的国际印学峰会（现已到了第六届）、每年一次综合性的大型国际印学学术研讨会，都会专设“社史研究”一栏以鼓励这方面的研究风气。

“保存金石、研究印学、兼及书画”是二十世纪初创社时和二十世纪六十年代复社时西泠印社提出的宗旨，在百年社庆后，围绕这一宗旨在新时期又提出的一个中心两项目标。一个中心的任务，是打造“国际印学研究中心”。两项目标，是“诗书画印综合（兼能）”和“重振金石学”。作为连接过去、现在、未来的“西泠学”的内容，也必然会触及同样的三个命题：

1. 早期宗旨“保存金石”，与今天呼吁“重振金石学”之间的继承与创新关系；

2. 早期宗旨“研究印学”，与今天建设“国际印学研究中心”之间的继承与创新关系；

3. 早期宗旨“兼及书画”，与今天提倡“诗书画印综合（兼能）”之间的继承与创新关系。

二

在西泠印社社史研究和当代西泠印社研究的格局中，其实已经有社会各界人士对百年印社施加了非常的注目和关爱了。其成果形式多样、表现多样，极为丰富多彩、百花缭乱、美不胜收了。它对于今天我们倡导“西泠学”的构建同样起到了非常重要的支撑作用。

· 中央电视台专门拍摄了四集电视纪录片《西泠印社》，以庆祝西泠印社110周年社庆（2013）

· 浙江广电集团拍摄了六集电视艺术纪录片《西泠印社》（2020）、电视艺术片《孤山路31号》（2018）

· 香港凤凰卫视《文化大观园》专题《西泠印社》（2014）

· 浙江人文大讲堂《江南士大夫文化与西泠印社》（2014）

· 良渚博物院“守望西泠——陈振濂西泠印社社史研究书法展”（2010）

· “守望西泠——西泠印社社史与金石学·澳门专题书法展”（2012）

·美术传媒拍卖专场《文化史收藏：百年西泠群英谱》（2014）

·教育部国家级大学精品视频公开课《江南文人士大夫文化与西泠印社》五讲（2013）

·浙江大学精品通识课《江南文人士大夫文化与西泠印社》（2015—2019）

·通识课教材《江南文人士大夫文化与西泠印社》（2021）

·国家社科基金课题《百年中国篆刻史与西泠印社》，浙江大学教师申报获批（2021）

·还有杭州出版社、西泠印社出版社出版的以《西泠印社》为书名的若干部个人著作、集体撰稿著作

……

一个立体多面、综合交叉的西泠印社研究史、百年西泠和当代西泠的研究史正在有序成形。再来看这部《西泠印社史研究导论》的出现，其实是旨在把过去我们孜孜以求认真实践的方法，即一事一议、一人一考、一迹一辨、一文一解的方式，以一种更为系统化、立体化、结构化思维，以及不断兼顾百年西泠印社的过去、现在、未来的方式，或者还有1“已有”、2“未有”、3“不必有”、4“将来可能有”的系统展开，对它进行全方位的省察与发掘。在它之前，已经有大部头的《西泠印社百年图史》《西泠印社百年史料长编》（2003）两部大书，左图右史，影像与文献交相辉映。而以这一《研究导论》作为新建学科所必须有的顶层设计、即最关键最重要的主导式思想开拓和启蒙，在写作二十年以后的今天看它，也还是切中时事之需而没有“过时”的违和之感。也即是说，在今后，它所提示出的学科定位、课题分类和各个层级的具体研究目标，远远还未被使用殆尽而有枯竭、停滞、固化之感。相反，它还会以各种方式、形态出现在今后西泠印社青年一代的研究视野和论述中，体现出学术研究，尤其是西泠印社史研究的生生不息、循环生发的勃勃生机。

2021年4月9日

于湖上孤山

目 录

第一章　缘　起

在西泠印社走过 100 年历程之后，真正意义上的“西泠印社史研究”，以及随之而来的“西泠印社史学史研究”才刚刚开始。这并不是说过去 100 年特别是 20 世纪 80 年代以后，我们丝毫没有积累关于西泠印社社史研究的成果。也并不是说在过去，我们没有收获一丁点研究西泠印社史所需要的资料（文献与实物）以及拓展研究角度、研究方法。关于前者，各种有分量的单篇论文已不下十余篇，特别是在西泠印社成立八十周年与九十周年之际涌现出来的印社史研究论文与著作，已经有相当高的水准。而在最近，关于印社景点遗址的修缮，印谱、印泥的品牌说明等研究，更是披露了许多重要的历史事实。关于后者，历次社庆论文集，以及集中在《西泠艺报》上的许多回忆文章，更是不断在提醒、呼唤、巩固我们的曾经模糊的记忆，告诉我们在这 100 年里，其实曾经有过如此丰富多彩的社员人际交往和印社与社会的交往。这些珍贵的回忆录与亲历记，必将为西泠印社社史的撰写，起到不可或缺的重大史料支撑作用。

即使不考虑这些，我们也已经有了几部号为经典的西泠印社志稿。比如，1915 年叶为铭等人编的《西泠印社志》,1956 年秦康祥等编的《西泠印社志稿》。这些《志》无论规模大小，都为西泠印社的现存资料作了相当有条理的梳理，都已大致勾画出了这 100 年历史演变中某一阶段的历史真实或发展脉络。应该说在目前，我们若要研究西泠印社百年史，这几部凝聚了前人心血的《志》，是绕不开去的必备的参考资料。

但是，综合考虑所有这些文献资料的充分价值之后，我们仍然认为：真正的西泠印社史研究尚未有一个清晰的轮廓。作为学术研究，它尚处于起步的阶段。不但各种研究论文还只是选取一些特定的视角展开，无法形成一个有系统的内容课题群，且各篇论文或各个研究题目之间所能达到的深度与高度不相同。而许多珍贵的回忆录、亲历记，只能作为研究的资料支撑，还不是学术研究本身。研究当然少不了参考各种回忆录资料，但回忆录之类本身并不具备“学理性”的框架结构，且回忆者受身份角色所限，会有自觉或不自觉的抑扬褒贬，有可能出现回忆完全失实或张冠李戴的情况，不加以严格的学术甄别，难以直接应用。至于几部《志》，除了因撰稿者视角差异而产生的对材料处理方式的不同，已经出现了同一事实却引出不同结论、甚至连事实也被人为筛选的个别事例，从而体现出“一切历史都是当代史”的正、反两方面的影响。即使我们仍选择接受它们，从严格的历史学研究体例来看，“志”的体例也不同于“史”。“志”是平面的，不强调来龙去脉、因果分析的，而“史”重在从平面的事实中抽取出因果结论。因此，目前这两部《志》不能作为“西泠印社史研究”的学术标志，而只能是作为它的前期准备，这是由历史学常识所规定的。

至于其他方面的问题也还有不少。比如，我们还没有一部关于西泠印社 100 年历程的详细的大事记或学术年表。也还没有关于四个创始人即丁仁、王禔、叶为铭、吴隐四君子，他们各自的个人年谱或年表——已有的一些简表当然可以权且救一时之急，但随着研究的深入，这些简表仍然因其过于简略而不足敷用。至于西泠印社中后期的一些核心人物，比如张鲁庵、秦康祥、韩登安，以及高式熊先生，他们的个人资料从年表到“自订年谱”，也还有许多付之阙如。此外，关于西泠印社早期诸贤一直到后 50 年中起主要作用的社员的专题、专案的研究论文也还很少，比如《丁辅之论》《叶为铭论》以及《张鲁庵论》《韩登安论》等。或还有站在西泠印社社长角度上研究的吴昌硕、马衡、张宗祥、沙孟海专题研究成果，也还是大大不够甚至“缺席”。比如，不谈吴昌硕书画篆刻的杰出成就，而只谈他作为社长的贡献；不谈马衡作为故宫博物院院长的功绩，而只谈他的社长职位与为西泠印社建设的业绩；不谈张宗祥作为浙江图书馆馆长在图书目录版本学上的功绩；也不谈沙孟海在书法上的泰斗地位，乃至于赵朴初、启功诸前辈，只研究他们的西泠印社身份；或还有前举的张鲁庵、韩登安、阮性山，到高式熊先生，当然还有已故的王个簃、诸乐三、钱君匋、方去疾、方介堪诸位副社长……目前还举不出这方面的现成成果。而没有这样的个案研究的扎实积累，要完成一部真正有价值的、能为印社做一归结的《西泠印社史》，只怕是心有余而力不足。

于是，我们在西泠印社 100 周年诞辰之际，开始着手整理这百年之中的各种相关资料。整理共分成两部分。第一，是把几部《志》做一个总体的整理与阅读，并且对一些相关人物、相关事件的文献记载，尽量加以收罗。特别是对一些重大事件的资料收集，尽量做到不遗漏。此外，当代印社诸贤的一些回忆文字，只要大致言之成理，也先行汇辑，使之综合几个方面的资料，能大致形成一定的规模，能够兼顾各个方面，构成一个稳定的资料框架与一定量的资料群。第二，是以编年的形式对之做梳理，使各种散见的、零星的资料逐渐进入一个统一的时间序列，逐渐形成一种时序上的前后关系和事件上的因果关系。最终，则以“史料长编”的形式完成对百年史材料的基本梳理，从而为今后撰写《西泠印社史》提供一个扎实的基础。这，就是我们这部 80 万言的《西泠印社百年史料长编》的由来。过去北宋司马光修《资治通鉴》网罗史料有“宁失之繁，勿失之略”之说，为此他修《通鉴》先编《长编》。我们也仿其成例，修《西泠印社史》则先修《史料长编》，应该说这是有“祖宗成例”在先的，而本书则为《长编》之导论。

第二章　关于“西泠印社史”的研究定位

与民国时期其他印社、书画社或诗社相比，西泠印社是一个十分特殊的存在。它并不仅仅是众多研究对象中的一个简单的研究对象，对它的研究预示着一种独特的研究模式的展开，这具体表现在：第一，它是一个现代意义上的社团组织，并以此形式持续存在了百年，然而它本身从事的是一种非常传统古典的艺术探索的、不无寂寞的工作；第二，它虽不依附于官方的行政机构，完全是因个人志趣相投而形成的“同人”社团，却有巨大的能量去摆脱地域的限制，成为一个超城市、超区域甚至跨国际的艺术社团；第三，它作为“同人”社团，虽拥有极为浓郁的名家大师个人色彩的特征，却能绵延几代，横跨百年。如果说“跨地域”是跨越空间的阻隔，那么“跨百年”则是跨越时间的限制。说它是“超时空”，真是一点不为过誉。于是，上述三点便构成了我们对西泠印社史研究的第一轮定位内容：

现代的社团组织与古典的内容；

超越地域、国界的“同人”社团；

超越时间的百年“同人”社团。

现代的社团组织与古典的活动内容之间，究竟有什么样的关系要值得我们如此去探讨？在100年间，出现了很多诗社、书法社、画社。著名的如上海豫园书画善会、题襟馆书画研究会、北京的中国画学研究会，书法方面则有标准草书学社、中国书法

王福庵

丁仁

叶为铭

吴隐

学会等等，都符合这个以现代的社团组织去从事古典艺术活动内容的标准。既如此，西泠印社的这一特征，就很难说有什么特殊的价值，把它单独拈出，似乎也缺乏一个必需的学理依据。

自然，与书画相比，印学是一个更见古典的存在——在书画中常见，不等于在篆刻中也常见。恰恰相反，在西泠印社之前，我们对“印社”这一体制与组织形式还是比较陌生的。这是一个初步的认识。但更关键的还在于，与清末民初的书画社团组织相比，西泠印社的活动方式更具有一种规则化运行的特征。比如每年春秋两季雅集，是一个固定的安排，它既不像“海上题襟馆金石书画会”那样，每天、每周都有雅集，而采取纯属文人墨客休闲自娱的聚会方式，缺乏一种精心组织甚至有主题制约（这正是现代社团的主要活动特征）的立场，也缺少一种学术思想的支撑；同时，它又不像完全的现代艺术社团，如油画的“决澜社”那样完全以不同的艺术宗旨为先导、发起艺术运动所必需的呼吁呐喊，而是在较为松散的艺术理念（其特征是多样性）中寻求活动方式的规则化运行。由是，西泠印社的社团形态，或许正好介于“海上题襟馆”的文人墨客遗老逸民方式与“决澜社”的艺术先锋前驱呐喊的斗士方式之间，它的内容更偏向于前者，但它的活动形态却更接近于后者。而在当时，大凡中国画、书法等传统艺术社团，多取“海上题襟馆”形态；而西洋画或新诗的社团，则多取“决澜社”形态。西泠印社本应属于前一阵营，却能在活动的组织方式上如此有理性、有目标与方向，足见当时的创社四君子即丁仁、王禔、叶为铭、吴隐的主见与意志力，特别是丁、王，可以说在印社承担了实质上的精神导引的主要责任。

关于超越地域、国界的“同人”社团问题，关键是在“同人”社团的先期定位。志同道合的志士仁人自然相聚本不必有社会组织或行政等级体制的羁绊。近代史上大凡是“同人”团体，通常很难扩大规模——规模一大，人数一多，自然就要分出等级以便明确领属关系，更可以指挥如意不致一盘散沙。而一有领属，则就形成有形的组织控制运作，不复“同人”那种平等的宽松的关系了。故而“同人”社团一则人数必不多，二则必松散自由而不像今天我们对社团理解的那样必须为名誉地位、为主席理事争个你死我活。西泠印社明明是丁、王、叶、吴四人创办，却放着现成的社长不做而偏偏从上海请一个不相干的吴昌硕来当社长；又印社在 1904 年即已创办，却到 1913 年才开成立大会。所有这些信息都在提醒我们这是一个地道的“同人”性质的

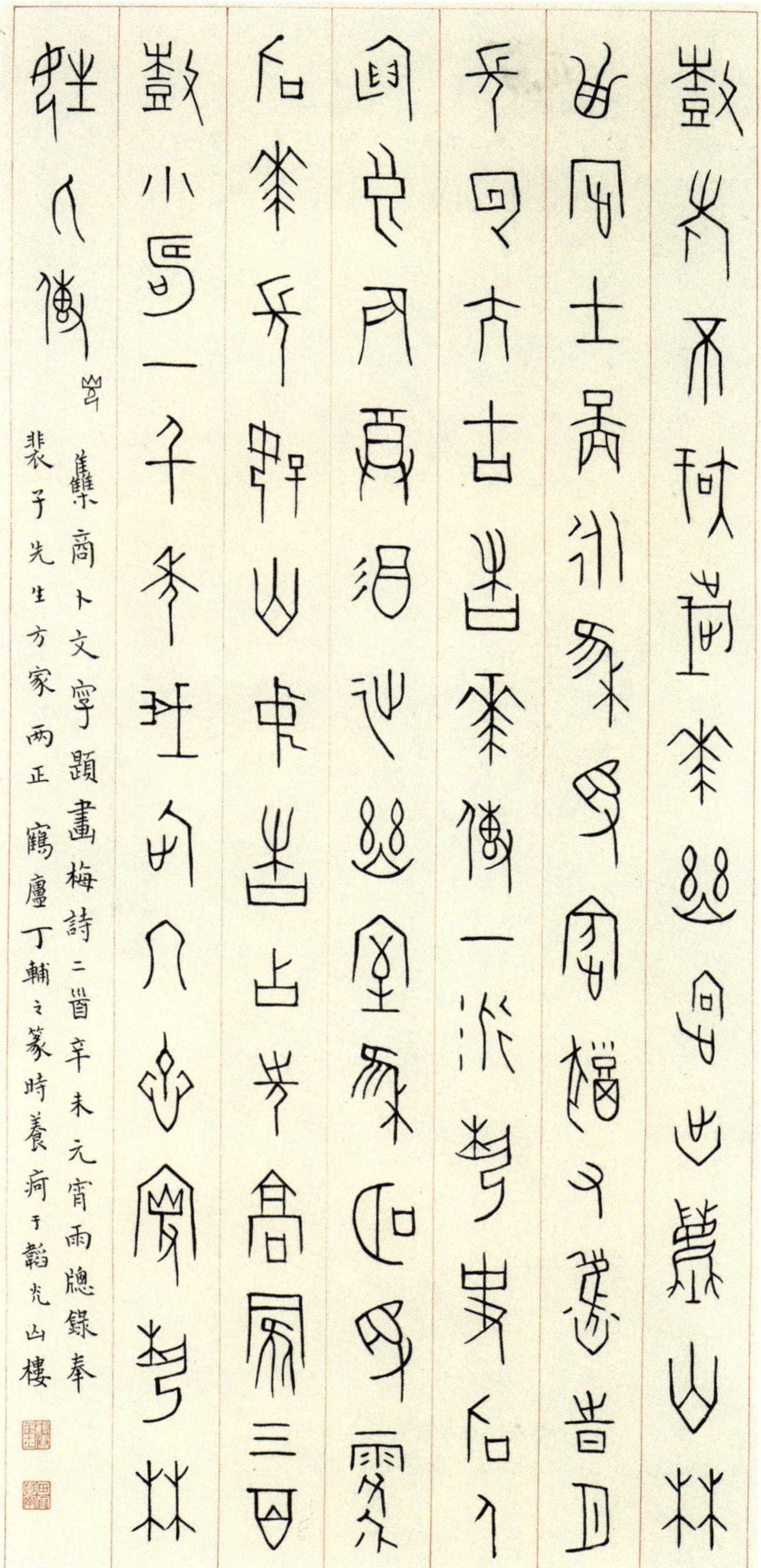

丁仁　篆书《画梅诗二首》

不經霜雪不精神閱盡炎涼又到
春我逐濤聲出空谷訂交君是素心
人
戊辰孟春之月為
季安先生雅屬 鶴廬丁輔之并題于滬

丁仁 《双松图》

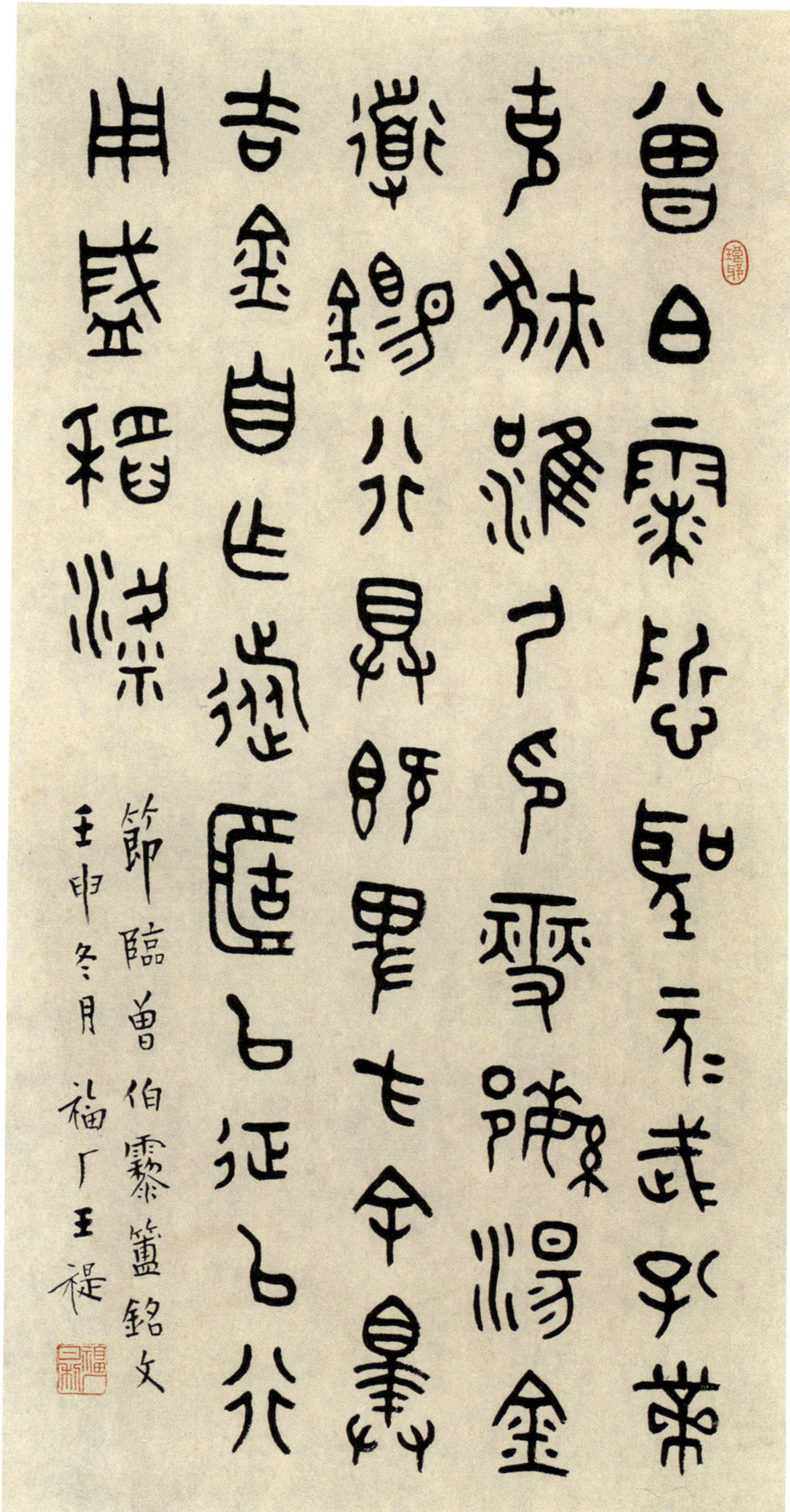

王福庵　篆书《临曾伯霥簠》

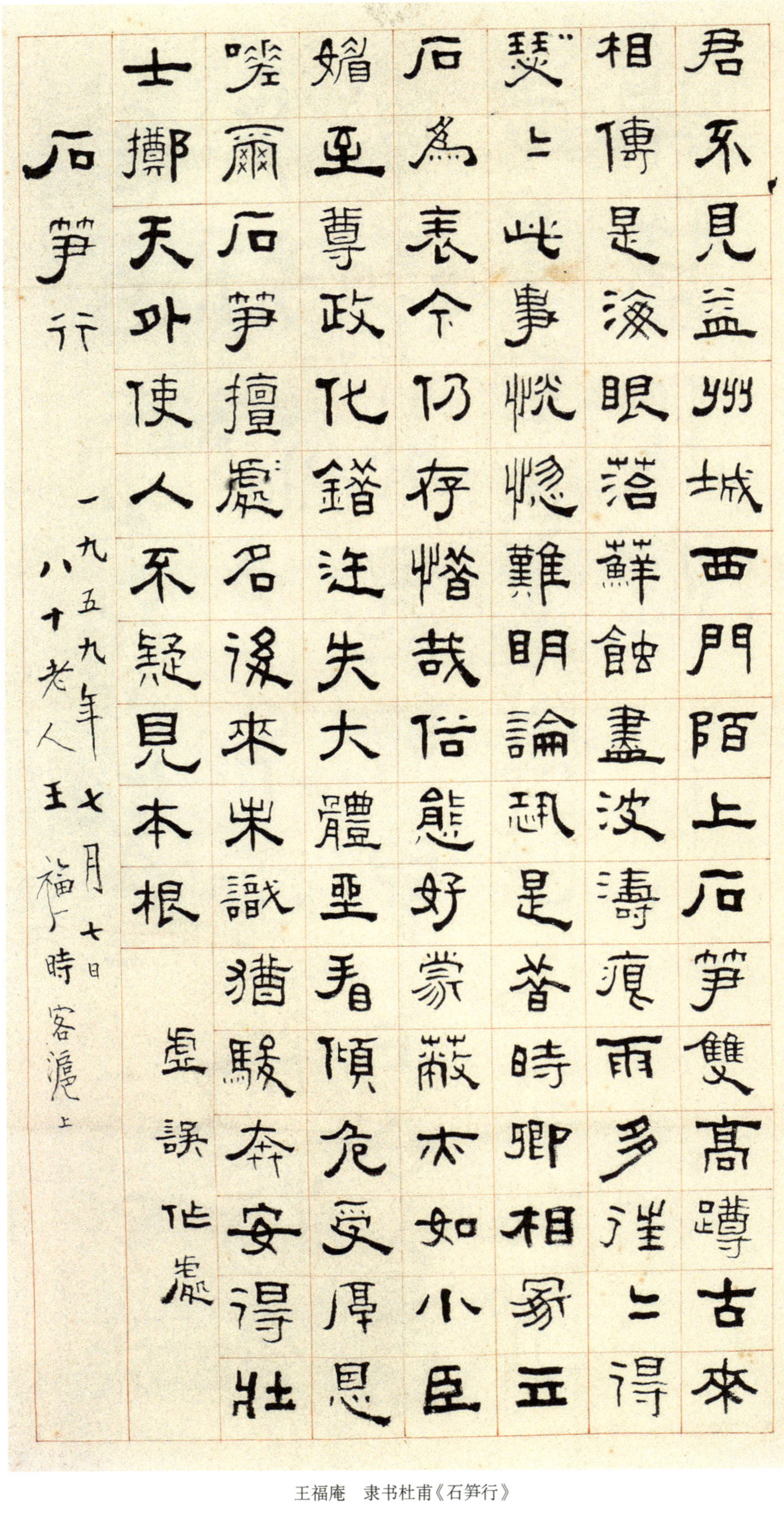
君不見益州城西門陌上石笋雙高蹲古來
相傳是海眼落蘚蝕盡波濤痕雨多往往得
瑟瑟此事恍惚難明論恐是昔時卿相冢立
石為表今仍存惜哉俗態好蒙蔽亦如小臣
媚至尊政化錯迕失大體坐看傾危受厚恩
嗟爾石笋擅虛名後來未識猶駿奔安得壯
士擲天外使人不疑見本根
虛誤作虛
石笋行
一九五九年七月七日
八十老人王福厂時客滬上

王福庵　隶书杜甫《石笋行》

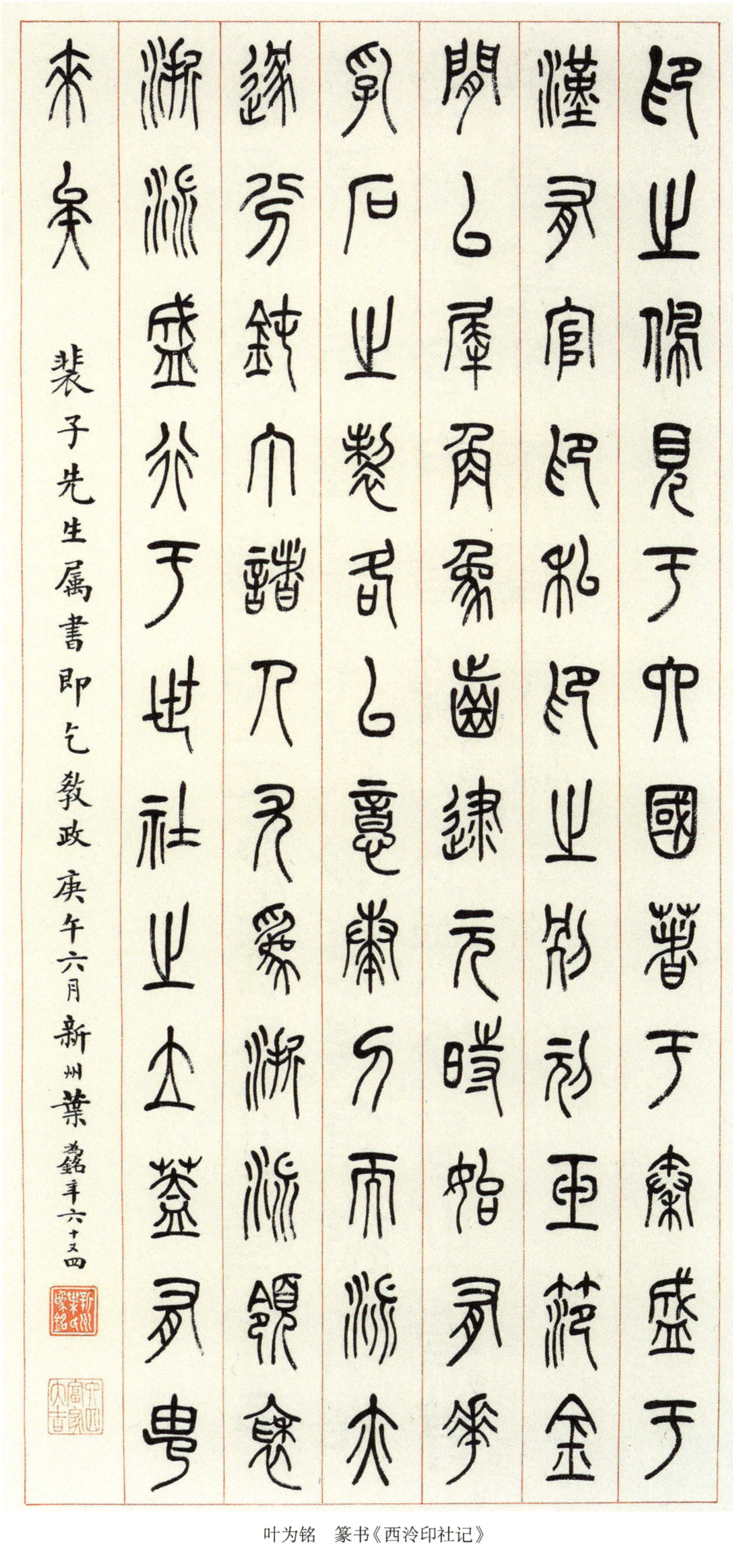

叶为铭　篆书《西泠印社记》

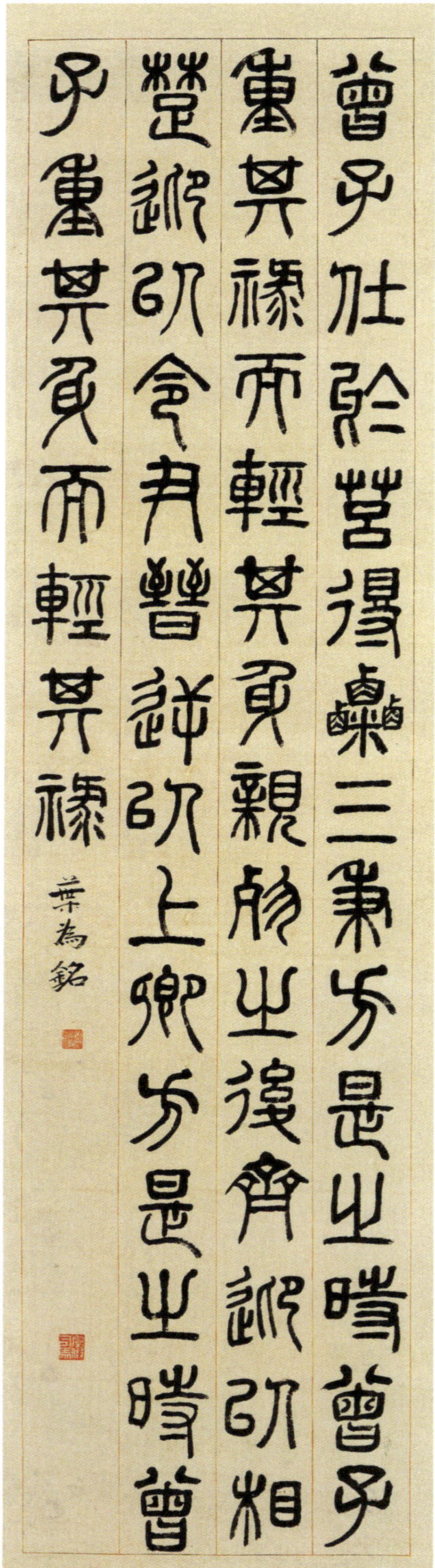
曾子仕於莒得粟三秉方是之時曾子
重其祿而輕其身親沒之後齊迎以相
楚迎以令尹晉迎以上卿方是之時曾
子重其身而輕其祿
葉為銘

叶为铭　篆书《韩诗外传》

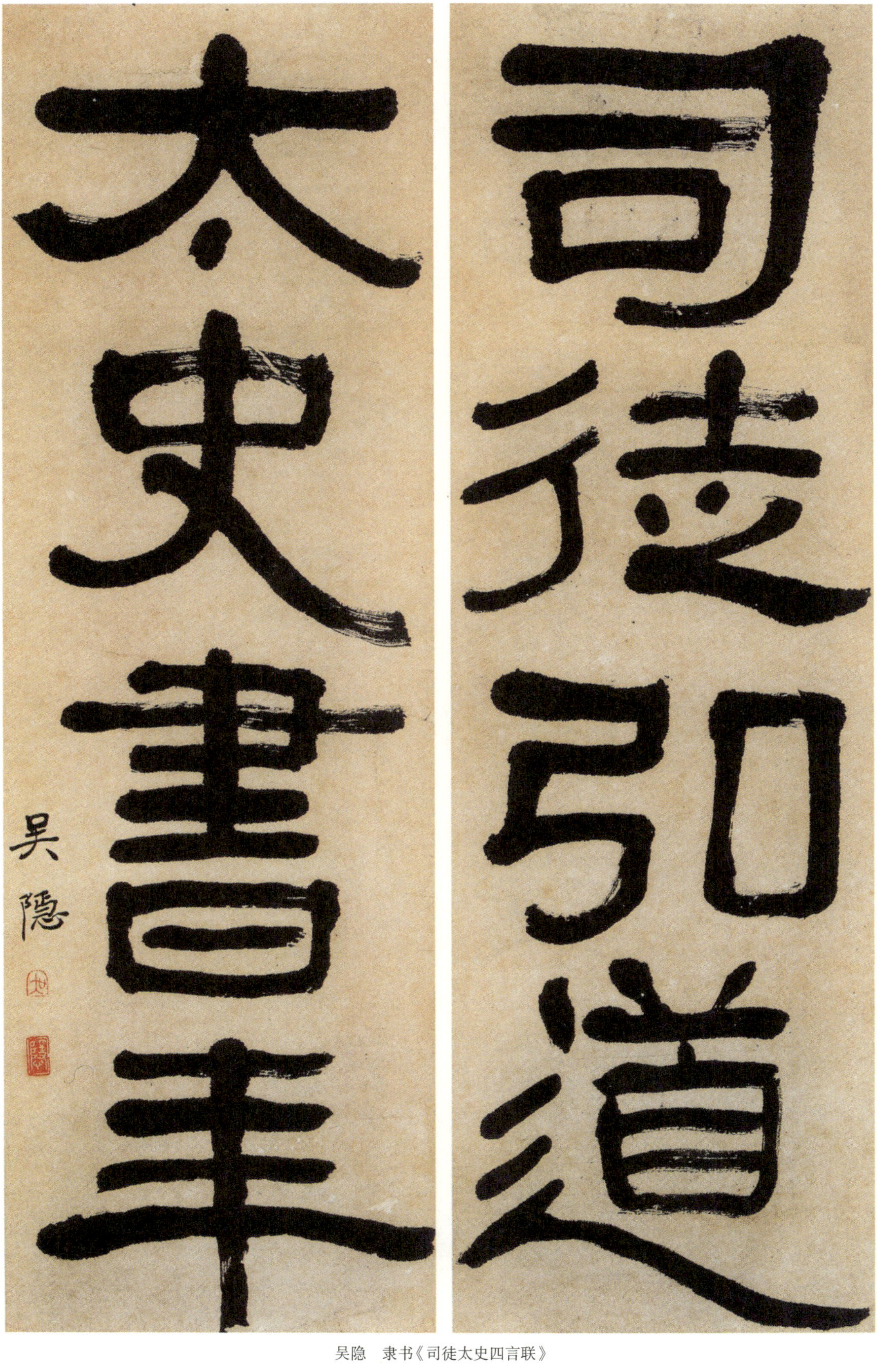

吴隐　隶书《司徒太史四言联》

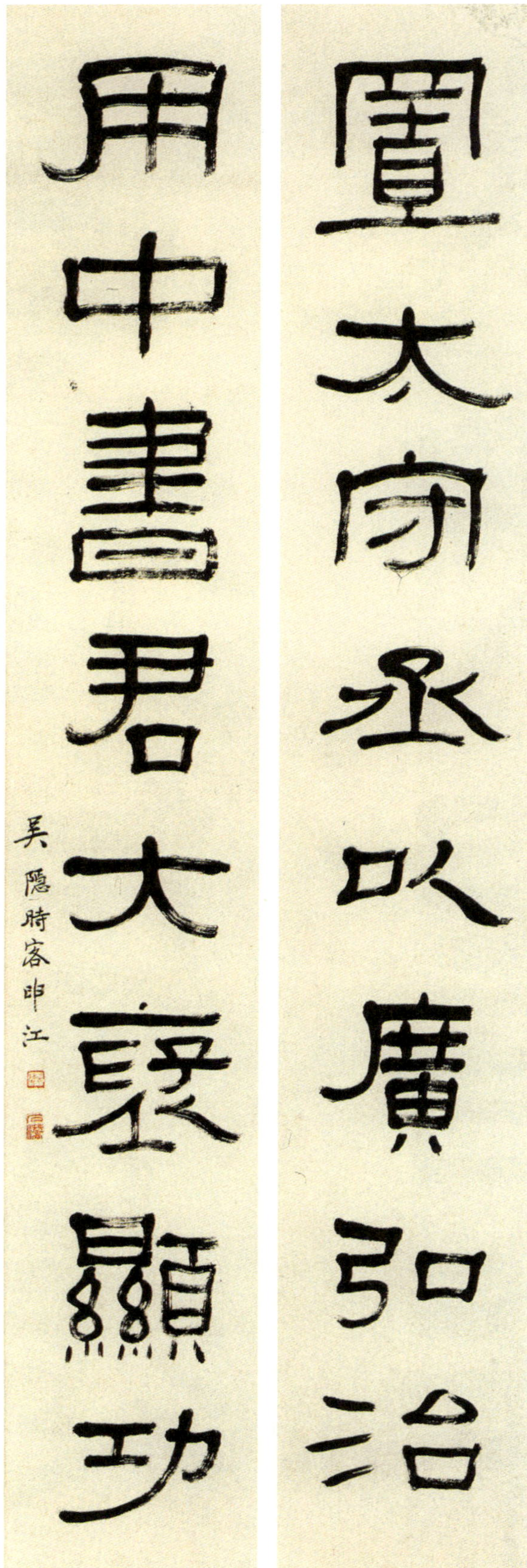

吴隐　隶书《置太用中八言联》

吴昌硕　明道若昧

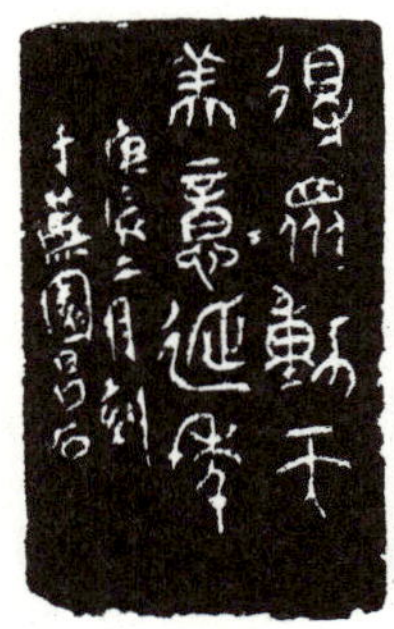

吴昌硕　美意延年

社团,它是“不竞争”的。但正是这样一个一团和气的西泠印社,却除了在杭州的浙籍、杭籍人士之外，还有来自上海的许多名家，又还有不远万里远渡重洋来华的日本篆刻家，人人不以杭州孤山为遥，人人意欲参与而不想置身事外，没有等级、没有副社长也没有理事会，却有几十上百个篆刻家热心参与，这还不是一个独特的现象？

第一篇《西泠印社记》是日本河井仙郎所撰，当时并没有人“站出来”慷慨激昂地宣称中国人让日本人占了先而大呼有辱大国风范。孤山的山石土地是杭州的乡绅们共同捐助的，也没有人认为社长让上海人当去了是否这些土地房产要折算资产索回“损失”，或杭州人让上海人压迫了……这就是“同人”的风范。创社诸公的君子风范，真让我辈羡慕不已。吁唏！回想起北京的中国画学研究会、湖社中金城、周肇祥等始

左起：河井仙郎、吴昌硕、吴臧龛

合终离的故事，[1]真不得不钦服丁、王、叶、吴坦荡无私的胸怀。可以说：如果当时四君子不如此，西泠印社决计不能成此规模，那也就没有今天“西泠印社”这块金字招牌了。

关于超越百年时间的问题，主要表现在西泠印社本属“同人”性质。一代人有志趣相投自可交往融洽亲密无间，而一旦世代更替，后继者既无同甘苦、共患难的创业情谊维系，思想方法又因时变宜，若要保持第一代人的相互关系，本来是概率极低的。如前所述，同人社团不重有形的等级领属关系约束，合则聚不合则散，“三世而衰，五世而斩”的情况比比皆是。如前举的“海上题襟馆金石书画会”不过十数年兴旺后即消亡，中国画学研究会、湖社、蜜蜂画会，大抵不过20年一代人而已，鲜有隔代还能顺利承传的。唯有西泠印社这个“同人”社团，从第一代吴昌硕与四君子开始，第二代张宗祥、韩登安、张鲁庵、阮性山、高式熊，到第三代沙孟海、王个簃、诸乐三以下，直到第四代老一辈健在印学家，仍是代代承接并无丝毫间断，以今天视之，则还有日趋兴旺、后来居上之势，而不仅仅是“守成”或“存一脉香火骨血”而已，谓为西泠印社在100年间的一个奇迹，恐不为过也。而且，其间又没有明显的子承父业的家族血缘关系，完全是志同道合而已，试遍观海内外，有哪一个社团是可以横贯百年而延续五代之久的？

之所以会有如此“持久性”，我想首先是因为专业力量的维系。印学是“小道”，在当代艺术中，篆刻是比书法更有局限的“小道”，但也正因为其小，它的拥戴追随者反而十分稳定而可靠；投机者不愿（也不值得）涉足其间，凡愿意投入者则必是坚定分子。而事实上，作为一个艺术门类，篆刻固然是小，但若从专业本身与其覆盖面而言，则篆刻又是艺术与学术联姻的典范，艺术的篆刻形式表现，是与作为学术的古汉语、古文字学、古器物学、金石学、碑帖学等天然地联系在一起的。于是，故宫博物院院长马衡可以以其金石学造诣来领导西泠印社，书法家启功、赵朴初也可以以其书法业绩执掌西泠印社，图书版本目录学家张宗祥也可以以其卓绝的典籍功夫来主持

（1）关于北京中国书画研究会与湖社之情形，详见拙著《近代中日绘画交流史比较研究》，上海书画出版社，2019年，第141页至第143页。最早的“中国画学研究会”是由陈师曾、金城、周肇祥等于1920年创办起来的。编印《艺林旬刊》，举办中日联合展览，还隆重推介了齐白石。其后陈师曾于1925年、金城于1926年谢世之后，金城之子金潜庵因与周肇祥意见不合，遂联络金城门人另立“湖社”展开活动。

西泠印社，至于画家傅抱石、潘天寿、王个簃、程十发、鉴定专家谢稚柳……大凡人员构成成分一丰厚，则“持续”能力自然越强。但构成成分的丰富并不妨碍其核心作用的发挥，印社中篆刻家还是占主导地位并成为运转“持久”的基本动力：从创社四君子，到近代印学史上的吴昌硕，再到张鲁庵、韩登安诸公，哪个不是响当当的印学史上之俊彦？

一个“同人”性质的艺术社团，能持续百年，必定有它的原因。

除了超越国别、地域，与纵贯百年历史这两大特征之外，作为“天下第一社”的西泠印社，还可以说是在学术意义上“唯一”的一个印学社团。

早在印社成立之初，即提出“保存金石、研究印学”这一响亮的口号。应该说，口号的提出不是一时心血来潮，而是印社创始者们深思熟虑的结果。在“保存金石”方面，募捐赎回《汉三老讳字忌日碑》是其中最感人的一幕；而在“研究印学”方面，从西泠印社早期研究资料的大量出版，如上百种著名的古铜印谱、名家印谱由丁仁、吴隐、叶为铭、王禔等编印出版，以及大量印学典籍，如《遁庵印学丛书》（吴隐）、

西泠印社旧影

石交亭

《广印人传》（叶为铭）等面世，表明西泠印社对印学不仅仅是持一个雅玩、清赏的立场，而是有明显的学术研究的目的的。比如在20世纪30年代，西泠印社曾有过一个举办“金石家书画作品展览”的举措，聚集古代金石家、篆刻家的书法、绘画作品做展览，显然是研究目的大于雅玩目的。这一传统，在20世纪60年代，特别是20世纪80年代之后，又以每次社庆必有的“国际印学研讨会”的形式被延续下来。于是，“研究印学”这一创社之初定下来的宗旨，在间隔80年之后又被发扬光大。从一种对学术的潜在尊崇落实为有形有质的“研讨会”方式，从而极大地刺激了当代篆刻理论界并起到了明显的推动作用。可以说:西泠印社被称为“天下第一社”,被指为“唯一”,并不是指除它之外就没有别的印社。从与西泠印社同一地域的龙渊印社，到与西泠印社在20世纪30年代同时的北京“圆台印社”，或稍后的“宣和印社”，以及当时各地各种不同宗旨但都是以篆刻为中心的印社，再到新中国成立后由西泠印社老社员唐醉石在湖北创办的“东湖印社”，以及上海中国书法篆刻研究会、江苏书法印章研究会、北京中国书法研究社等等，其数目不下百种，但要论“研究印学”并以学术定位，每每举办国际或全国的印学、篆刻研讨会，还出版论文集并持之以恒、二三十年不懈的，的确舍西泠印社之外并无第二家。故而，从学术上说：西泠印社作为“唯一”的“天下第一社”应该是当之无愧、绝非过誉的。倘若再计算印社社员个人的学术成果，则西泠印社所拥有的学术含量，更足以独步当世、傲视天下、无人能望其项背了。

以学术积累雄厚堪称“天下第一社”，而不仅仅满足于刻印一技而已，这是我们在研究西泠印社史时应予以非常关注的所在。

第三章　西泠印社与近现代印学史

研究近百年书画史，特别是近百年篆刻史，决计离不开对西泠印社的研究。虽然在学理上说，一个印社，无论它规模多大，相对于一部断代史而言，终究是一个局部内容。

但这是一个怎样的“局部内容”？在大师名家的个人排行“英雄榜”中，除了吴昌硕之外，还有黄牧甫、齐白石、赵叔孺，他们都不是西泠印社中人，因此，西泠印社史研究，在近现代篆刻史研究中，当然是一个“局部内容”无疑。即使从大师的数量比较，它也是局部而不具备整体的含量。

但如果不以传统史学以人排列，把一部中国书法史、绘画史、篆刻史变质为书画篆刻家的“英雄谱”“花名册”“点鬼簿”的话，那么，以近百年印学史、篆刻史的“事件”“史实”论，则一部西泠印社史所包含的容量，将大大高于简单的名家数量，囊括了近现代篆刻史的“半壁江山”。换言之，只要从事“西泠印社史”研究，则几乎涉及了百年篆刻史的大半内容，它几乎可以等同近百年篆刻史的研究。

这绝不是无稽之谈或故弄玄虚。在对比分析中国百年篆刻史的基本材料之后，我们几乎可以肯定地说：在没有西泠印社这个因素之前，以篆刻家个人魅力号召天下领袖群伦的方式，吴昌硕、赵叔孺、黄牧甫、齐白石，都是一个个对等、并列的存在。吴昌硕的活动，在整个篆刻史中所占比重是有限的，与黄、赵、齐相去不远。

即便是吴昌硕个人，在上海的活动，如在海上题襟馆金石书画会、豫园书画善会等的活动，在数量上也不亚于（甚至还超过）他在西泠印社的活动。但正是因为有了这个“西泠印社”，一切都变了。以社团维系起来（组织起来）的活动方式，迅速扩大或放大了吴昌硕及他周围的印学人士活动的影响，使它呈现出立体的、多元的、互动的鲜明特征。比如，以印谱出版、印泥生产、印社景点建设，每年春、秋两季雅集的固定格局，以及社团所拥有的凝聚人才、组织有形的优势，使西泠印社每一项举措在社会上的覆盖面与影响力，远胜于一两个篆刻家（即使个人造诣是大师名家的）设帐授徒或创作印谱所拥有的影响力。此无它，后者是一种个人行为，而前者则是一种社会行为：作为一部篆刻史，我们肯定更注重社会行为的价值并坚决将之列为历史研究的重点。

有如在书法史上的元代，赵孟頫与李倜的关系，赵在艺术成就上远逊于李，但若论历史则赵必居其上。类似的情形还有民国以降的沈尹默与白蕉，沈也在艺术成就上远逊于白，但沈尹默是历史人物而白蕉则是艺术名家。相比之下，前者是左右历史航向的舵手，而后者是历史在某一阶段的偶像——前者主动操控着历史，后者则受制于历史并被动地由历史来选择。那么，在近百年篆刻史上，吴昌硕与西泠印社，是属于主动操控历史的前一类型，而赵叔孺、黄牧甫、齐白石，则是属于被动地为历史所选择的后一类型。

于是，我们在赵、黄、齐的篆刻生涯中，看不到结社组团及出版、雅集、景点产业建设，乃至集体募金赎回《三老碑》的“大手笔”。赵叔孺在上海的社会活动中，绘画名声远大于篆刻名声，齐白石亦是如此。且赵叔孺与黄牧甫也是门生遍天下，赵氏更是有陈巨来这样的继领一代风骚的大门生，但若论在篆刻史上的大贡献，则除了卓绝的个人成就之外，其他“乏善可陈”。作为艺术大师，他们当之无愧；但作为一个“社会”意义上的篆刻领袖，他们并不是功勋彪炳的典范。甚至，当我们再深入地考虑这些篆刻家们在近百年间为中国印学的观念培养、学科建设、理论转型、艺术创作意识的培植方面做了哪些工作，恐怕也难举出有历史意义的业绩。

但是，在西泠印社百年史中，我们却看到这些内容或显性、或隐性地散落在每个历史阶段。在一个“保存金石、研究印学”的宗旨下，西泠印社的篆刻家们以他们开放的观念、富于激情的行动，以及无意间的（或意识上未必很强但行为上却十分明显）

吴昌硕在缶龛前留影

较强竞争心态、卓有成效的工作业绩，为我们勾画出了一个近百年篆刻史——准确地说：是在书法史、绘画史方面也堪称前驱的时代新典范。它的具体内容，应该有如下一些。

第一节　社团组织观念在印学界被认同

自古以来，刻制印章都是工匠的手艺活。无论是战国秦汉的印工，还是唐宋制作内宫鉴赏印或官府将作监治下的工匠，都是如此。即使是在明清，特别是有清一代，篆刻的兴盛已有了相当的规模并有渐渐艺术化的趋向，但相对于书画法家的文人身份，篆刻家更像工艺美术家。它的“匠”的一面很难逃得过高高在上自诩清雅的文人士大夫的睥睨。由是，印社之设，大抵类于工艺美术“行会”，既在学术上无底气，所聚集的人员也没有天生的骄傲心态。历代印论中论刻印先讲求“六书”，必先宏论一番文字学在篆刻中的突出地位，其实正是这种“匠”所与生俱来的自卑心理在作怪。但是，西泠印社四君子的倡导，却绝无“行会”的色彩。他们通过编印谱、祀先贤、雅聚名流士绅、切磋金石书画，极大地提升了作为“一技耳”的“匠”的篆刻在艺术与学术史中的地位与层次。

至少在西泠印社中，篆刻家地位从“匠”上升为“艺”，是通过三个方面来进行的。第一，通过对篆刻艺术内容的梳理来完成对篆刻艺术王国的认同。其中，大规模地出版、编辑高质量的印谱与印学典籍，以及对印泥、印具制作的深入研究，是此中最成功之举。第二，拉紧篆刻与学术、艺术之间的纽带。赎回《三老讳字忌日碑》并将之置于孤山社址，是贴近学术（金石）之举，而举办“金石家书画作品展览”，是靠拢书画艺术之举。第三，以每年春、秋两季雅集的方式，向社会宣称篆刻艺术也具有足够的魅力汇聚关注的眼光，也是风流蕴藉、有着潇洒风姿的。在西泠印社百年史的前半段，这三个要素都有着同样的作用；而在后半段，则通过印学研讨会与每隔五年、十年的庆典活动（它相似于前期的雅集但在规模上远胜之），还有各种专题创作与展览活动，使印社的活动品质与作为社团组织起来的能量，得到了超常的发挥与拓展。

汉三老石室（上）和岁青岩（下）

第二节　篆刻艺术“独立”观念的形成

作为颇近工艺的篆刻，在早期是“匠作”，即使在明清以降，具有了相当的审美品格，但在明清文人士大夫眼中，它仍然是附属，是配角。区别仅仅在于它从实用的记名“配角”转向为艺术的书法、绘画的配角。文徵明的“我之书斋，多于印中起造”，代表了明清士大夫对于印章（篆刻）的典型看法——篆刻的钤红，是为配合书法或水墨画的黑白而专设的。虽然篆刻家钤编古玺印谱、诗句印谱，似乎也在力求不依附于书画而有独自的世界，但在一个文化层面上，这些努力并不足以动摇篆刻相对于书画的配角、依附地位。

而在西泠印社百年史中，我们却看到了一个以篆刻为主角的独立观念的崛起。出版印谱、编辑印学典籍、研究印泥制作，或在孤山社址上立二十八印人像，这些都不是依附的而是独立的，不是配角的而是主角的。但还不仅仅如此，在雅集中，常常可见很有趣的一幕：书画家挥毫泼墨，而篆刻家则专心致志地挥汗操刀。办一个书画展，也专选“金石家（篆刻家）书画展”，仍不忘篆刻的独立身份。直到 20 世纪 60 年代，也才在“保存金石、研究印学”之后加了一句“兼及书画”，书画不能越俎代庖，只能是“兼”而不是主业。其实，吴昌硕在上海是书画名声大于印学，但一到西泠印社，他绝对强调印人的身份。我想，百年间大大小小的印学社团，自娱娱人的不计其数，能像西泠印社这样咬住“篆刻”主体不含混不松懈且持续百年者，只怕是难觅第二家。可以毫不夸张地说，中国近现代篆刻观念独立、主导的思想，正是通过西泠印社才有效地建立起来的。

第三节　对文化的全面介入

以篆刻作为“一技”的立场，它本来是缺乏介入文化的能力的——相比于书画而言，它的能力本来就弱，在一个较狭小的领地里自我完善，已经令清末民初的篆刻家们捉襟见肘、束手无策了，再要去关心大文化的内容，实在是难乎为继。但是，通过“保存金石”这一宗旨所昭示的道路，西泠印社的篆刻家开始把眼光投向了文化。王禔、唐醉石等赴北京任铸印局“技正”，是以篆刻为本，又超越于篆刻的一种尝试，而以吴昌硕为社长，引来上海的书画家们纷纷入社，共叙艺事，则是将篆刻本业进入书画的一种尝试。在吴昌硕去世之后，本来印社诸贤有推举海上题襟馆金石书画会的副会长哈少甫（哈麐）为继任者的动议，虽然因哈氏旋即谢世而未果，但至少可以看出，印社诸公并不认为请一个非篆刻家身份的名流来当社长有什么不妥。这又表明印社并不以印自囿。至于吴昌硕等呼吁醵资赎回《汉三老讳字忌日碑》，一则赎的不是印章印谱，而是一方汉碑（它不是篆刻含义而是金石书法含义），二则赎碑募资时提供的是大量的书画作品而不仅是刻印，三则参与者有许多是社会名流而不仅限于篆刻家，都表明西泠印社是一个从篆刻起步，但最后走向大文化层面上的团体。仅仅从事单一的篆刻，范围狭窄，是不会想到这样去做也没有能力去这样做的。

对文化的介入，自 20 世纪 50 年代以降印社恢复时期，体现得更见明显。在西泠印社六十周年大庆之时，第一次出现了来自北京及各地的文化界高层领导的名字，如郭沫若、陈叔通、茅盾、齐燕铭、傅抱石、沈尹默等等，这些文化名人都未必有过篆刻实践经验或不以篆刻为主业，但却都有较为宏观的文化把握力。又如第三任西泠印社社长张宗祥，是典籍目录版本校勘方面的学术专家，其文化形象远大于专业的篆刻形象，直至今天的西泠印社社长名册上有赵朴初、启功的大名，所有这些都表明，西泠印社虽然守住篆刻这一传统艺术形式的底线，但历经百年，是具有足够的文化覆盖力的。

第四节　普及印学功高盖世

在清末民初之际，传统的篆刻艺术还没有经过近代化的洗礼，这一点使它与绘画、戏剧、音乐呈现出完全不同的性格而与书法相近。但更大的问题是，与书法被社会广泛认同相比，篆刻是一个更狭窄的存在——它的社会认同度更低，被关注、被接纳的可能性更小。从“篆刻”与“印章”混淆，实用与艺术混用的当时现实出发看西泠印社作为一个“印”社的存在，我们几乎可以毫不犹豫地断定它本来应该是不容易被理解，或至少发展艰难、不无孤独悲凉之感的。但事实上西泠印社的发展却是如日中天，如果除去抗日战争一段非常时期之外，西泠印社几乎都是处于兴盛的上升阶段而并没有衰败之象，一个社会认同度很低的印学社团，却保持着如此的发展势头，何也？

在创社四君子的种种建树中，我们发现了一个关键的奥秘：大张旗鼓地从事普及工作，以普及印学来推动印社的发展。

在创社诸君子中，编印各种古铜印谱与名家印谱以及个人的私印谱已成风气。丁仁是四君子中的领衔者，他编成的印谱有《西泠八家印选》《杭郡印辑》等数十种，王禔则有《福庵藏印》等约十种，吴隐最多，约辑成各种古铜印谱与名家印谱如《遁庵秦汉古铜印谱》《二金蝶堂印谱》《缶庐印存》等百余种。这些印谱的编成，又通过钤印或锌版印制，风行书肆，人人得而购藏，对于普及篆刻艺术可谓功莫大焉。可以说，迄今为止我们在清末特别是民国初年所能找到的印谱资料，除了一些流传数量极少的个人拓谱之外，主要的应该就是这批数以千计的、当时署名“西泠印社”或“潜泉印丛”并且印制甚精的印谱。至于后来如有正书局也开始印行印谱，那是在 20 世纪 20 年代之后的事，其势头已远远不能望印社项背了。

除了印谱之外，印学著作的出版，也是普及印学的一个大宗。叶为铭的《广印人传》，合此前的清人三种《印人传》又增补近代部分；吴隐的《遁庵印学丛书》广收历代印学典籍达 17 卷 25 册，为我们提供了经过清理的古代印学的基本资料框架。这些史料典籍的出版，对于知识的传播作用极大——把篆刻从“匠”的技艺层面拉出来，提示出它作为“学”的知识的、学问的性格，这是民国时期西泠印社的最独特贡献。在近代篆刻史中甚至直到当代，还没有一个印社能有这样的能力与眼光。

至于如每年进行的雅集活动，印人之间的交流频繁，当然也是普及篆刻的不错渠道，比起印谱、典籍出版而言更是一种动态的方式，而通过雅集聚汇各路从专家到初学者的做法，更易引起社会的广泛关注，因此它带有更大的引导时尚或流行的涵义。

第五节　建设印学中心地域“场”

一部近百年艺术史，总是由几个地域的“点”汇聚而成，比如绘画上的岭南画派、海上画派，又比如书法上的北京与上海在民国时期的南北对峙——其他无论是同样强盛的粤、苏、津、陕、浙，在民国这 38 年间都无法与京、沪相比，这个相比不是指粤、苏等地没有一流的人才，而是指人才汇聚后所产生的能量与辐射力：同样一个艺术家，在苏、浙就只能是偏安一隅，靠个人声望吃饭，而在京、沪就可能借助社会拓展力扶

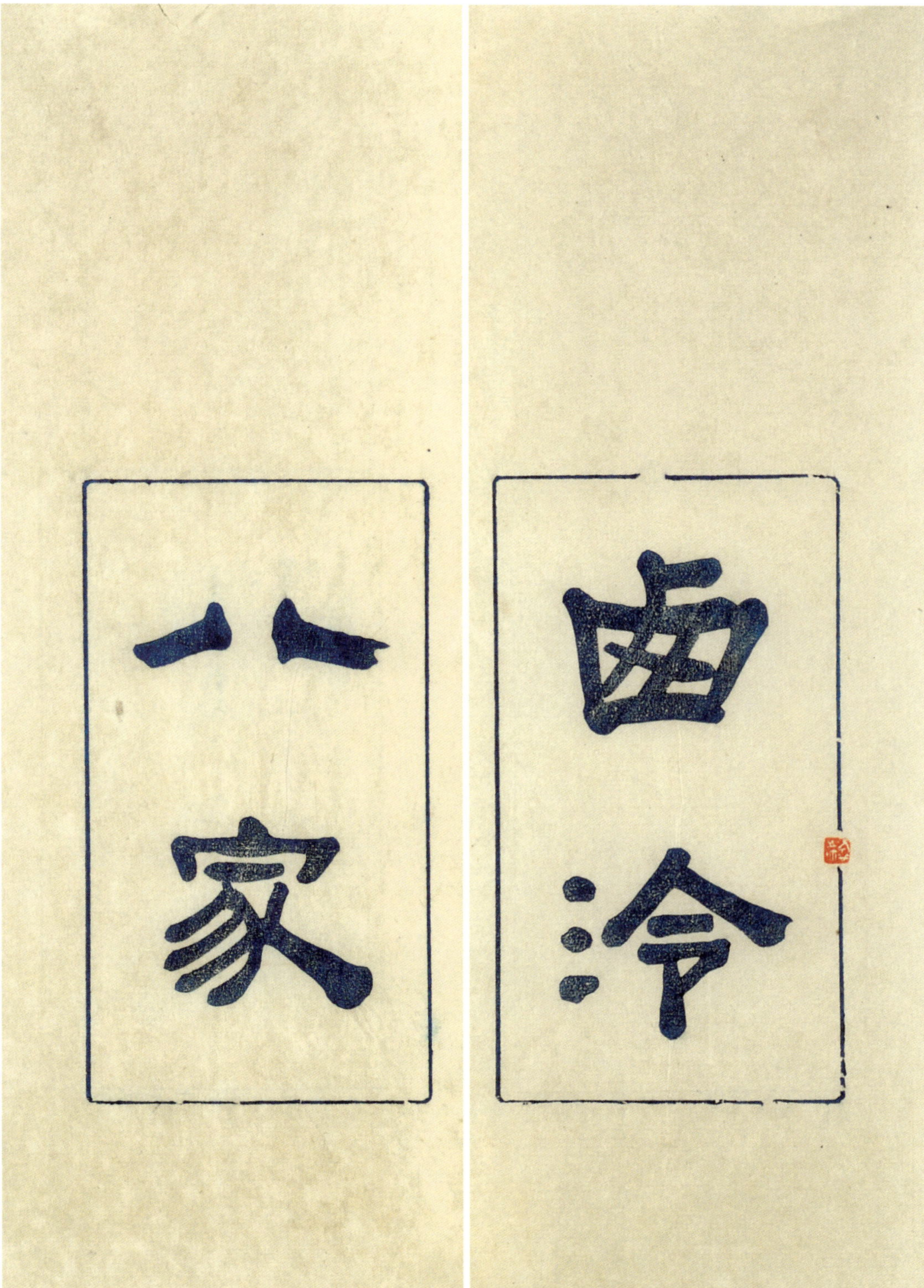

《西泠八家印选》(一)

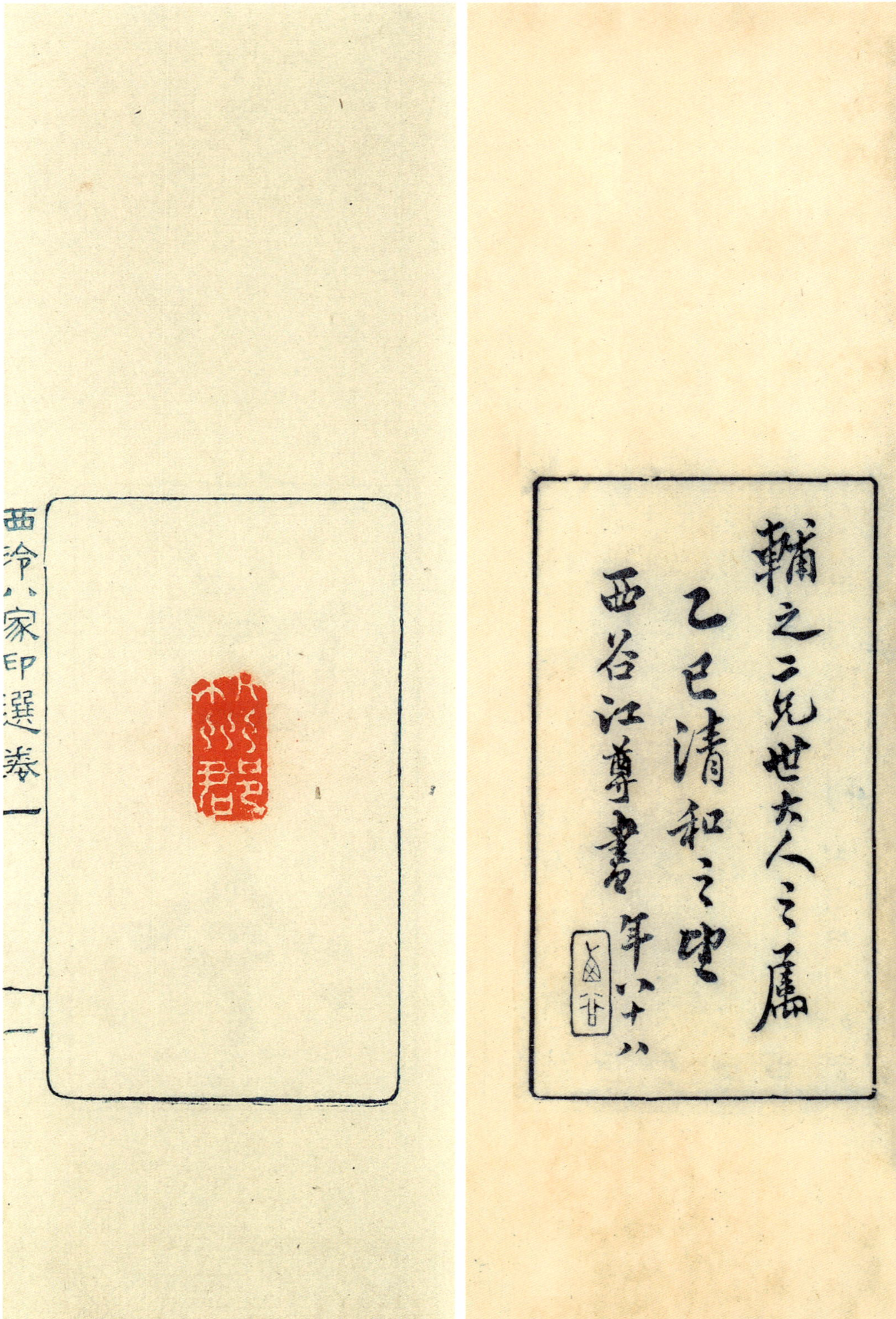

《西泠八家印选》(二)

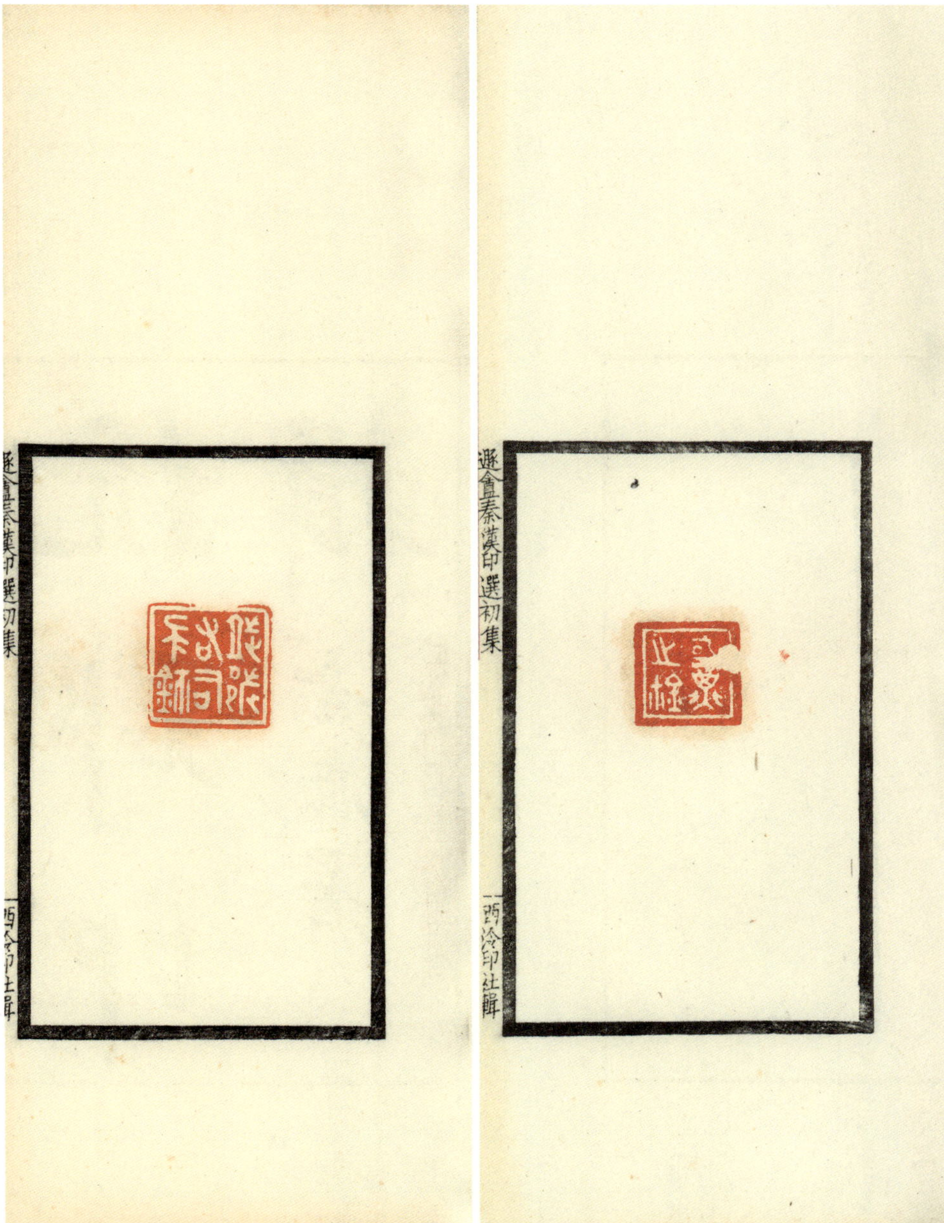

《遁庵秦汉古铜印谱》

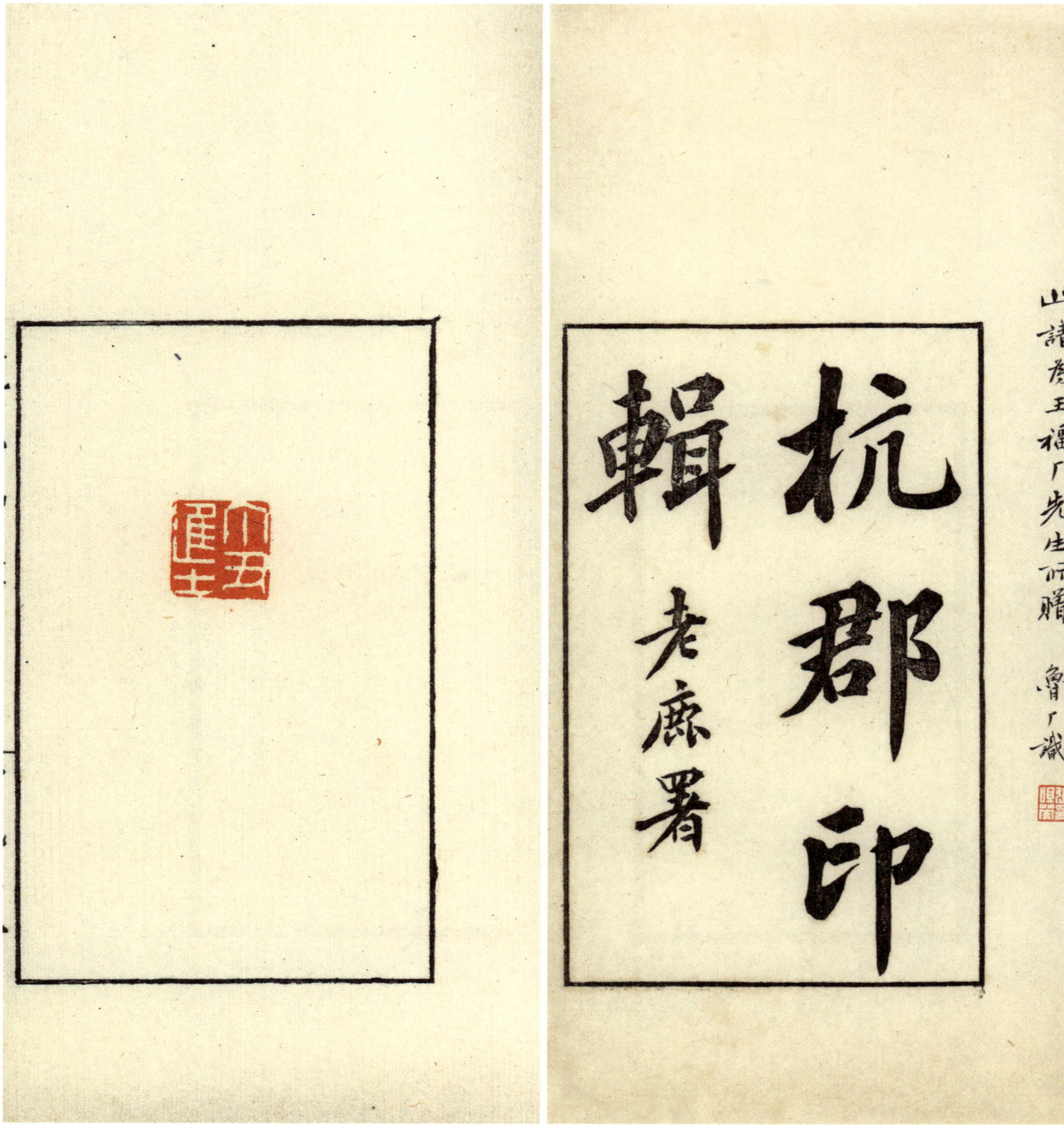

《杭郡印辑》

摇直上。这个艺术家本身并没有变，但他所处的“场”变了。

近百年篆刻史的主“场”，显然是在西泠印社所在的杭州。尽管上海曾经是清末吴昌硕（刚）与赵叔孺（柔）双峰对峙的所在地，尽管在北京也已有陈师曾在前而齐白石在后，还曾有过从“冰社”到“圆台印社”的活动，连西泠印社的创始人王禔、曾为社长的马衡，皆曾参与其中活动，尽管广东还有“天南金石社”等，连抗战后期避地重庆时，曾绍杰与乔大壮还在重庆成立过“巴社”，但篆刻之“场”仍然不得不落脚在孤山。其实不只是民国这 38 年，直至今日，各地分布有各种印社一百余家，篆刻的协会组织亦复不少，却还是人人关注西泠印社这个“场”，只有无知者才会雄心勃勃地想用自己与西泠印社试作抗衡，且即使宣称准备抗衡也绝无成功的希望——这 100 年的历史，这全国各地汇聚的精英，还有这“与生俱来”的一泓西湖与孤峭优雅的孤山，如何是想要就能要得来的？

光绪三十一年（1905）杭州八乡绅具呈杭州知府钱塘知县，意欲取孤山为西泠印

西泠印社后山

社社址之时，也许决计不会想到这是在为近现代篆刻史布点设场，是树起了一个地域空间的核心圣地。[1]正是这个“核心圣地”的存在，近现代篆刻史有了一个关键的依托，篆刻家们也有了一个心理依赖的“对象”。在过去，皖派、浙派印风当然也是依托具体的地域而展开，但那只是一个流派聚集、生发的“点”，还很难说是整个近现代“历史”的核心圣地，而在西湖孤山的西泠印社社址，却是一个百年时间之内的专业“中心地域场”，不但足可凝聚国内各地的篆刻人士，而且在海外如日本、韩国，也具有同样的魅力与功效。

第六节　主导篆刻学术研究

直到民国为止，篆刻的学术研究是缺乏主体意识的——当艺术各领域都在努力完成从古典话语系统（如文论、画论、书论、曲论、乐论）向现代学术话语系统的转型之时，如从“二十四史”模式转向近现代梁启超“新史学”开其端，王国维、郭沫若、陈寅恪、顾颉刚等继其后的新时代史学学术研究，篆刻理论却还基本上停留在古典印论阶段。直到 20 世纪五六十年代，研究印学研究甚至还在使用古汉语及随笔的著作方式，而且全然没有现代学术所应具备的学术逻辑论证力量：这种现象已严重阻碍了篆刻学术研究的现代思维的养成。

更重要的是在现代意义上的篆刻学术研究的深度方面。由于缺乏研讨的平台，许多有价值的研究，如对古玺的研究、对古印章形制的研究，都被归为金石考古学领域，而对古印谱的研究，又是被作为文献典籍研究来对待的。而真正为篆刻界、印学界所认可的理论成果，则大抵是一些常识介绍之类的文字，如傅抱石、潘天寿均撰过《印学概论》、邓散木撰过《篆刻学》，大抵是梳理知识，使之条理化，但若论发掘的深度，则都还缺乏一种学术的力量。这表明，篆刻艺术的学术研究，无论在史学方面或美学方面，都还是十分落后的、缺乏勃勃生机的。

西泠印社在前半期的活动，主要是立足于资料文献的聚集。比如《遁庵印学丛书》

（1）光绪三十一年（1905），杭州八乡绅即丁仁、吴隐、张惟榦、汪厚昌、王寿祺、叶为铭、唐源邺、戴书龄等具禀呈文杭州府、钱塘县，就组织西泠印社并建屋宇请立案。原文见叶为铭《西泠印社小志》（1915）所载，第 1 页。

《广印人传》的编印行世，及大批印谱的问世，皆是如此。20 世纪五六十年代是印社恢复期，在 20 世纪 80 年代初，由于沙孟海社长极强的学术意识，西泠印社开始定期主办印学研讨会并出版印学论文集。[1]特别是逢五、逢十的社庆，依靠社中专家学者社员的研究成果，西泠印社主办的全国、国际印学研讨会，都足以作为当代印学研究的品牌，而受到全社会的广泛关注。也正是由于西泠印社拥有这一学术平台，及自身出版社的业务便利，当今的中年篆刻理论研究家们也频频有佳作推出：有些著作本身便由西泠印社出版社出版，如《印学史》《历代印学论文选》等；有些著作虽不是由印社出版，但却是由印社社员担纲完成的；更有些有分量的学术论著，是因为在西泠印社的印学研讨活动中受到启发才得以形成的。可以毫不犹豫地指出，目前任何一个印学社团，都无法拥有西泠印社这样的学术平台与学术推进力。对于近百年篆刻史而言，这是一个至关重要的前提与条件。

第七节　汇聚印学实物与文献，形成新的研究出发点

在近现代篆刻史揭幕之初，在经历了徽、浙、皖诸家诸派的风云变幻之后，篆刻作为一个艺术门类的轮廓仍然是不清晰的，篆刻学术作为一个学科的构架仍然是不明朗的。许多篆刻家津津以“金石家”自诩，全然不顾“金石”与“篆刻”是两码事。许多印学理论家也热心于写些印论随笔，以为这就是理论的全部。但事实上，篆刻资料的规模还未形成，实物资料与文献资料还严重不足，或散落各处，或零乱不成系统。在当时，除了专业的博物馆之外，没有哪个机构能承担这样的历史重任。而实际情况是，连博物馆这一形制也才发轫不久，许多大端还未有着手落实，区区篆刻印章小技，当然更不可能在关注的视野之中了。

正是在这个非常时期，西泠印社以一种积极进取的姿态，勇敢地承担起这一艰巨的工作。在百年西泠的历史中，共有三次大规模收集、整理印学资料（包括实物资料与文献资料）的活动。

（1）西泠印社八十社庆，沙孟海先生在祝词中提到应区别“金石学”与“印学”，不宜混用“金石学”，当时遇到社中长老如朱复戡等的疑义，有相当的社员也表示不理解与不习惯，当时我在场。

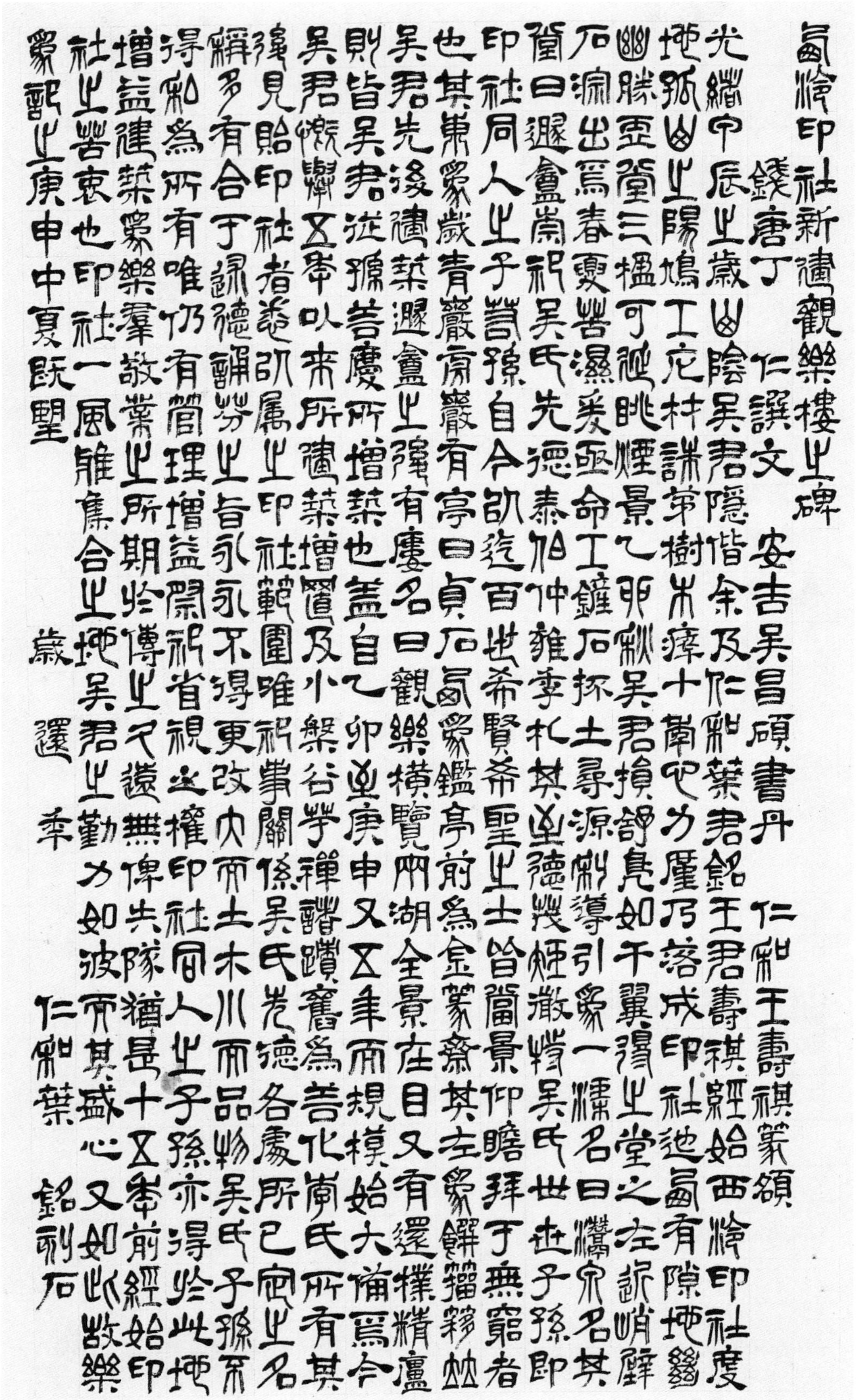

吴昌硕　隶书《西泠印社新建观乐楼之碑》

第一次，是在建社初期。以丁仁、吴隐为代表的西泠印社中坚，向印社捐献了大量珍贵的印谱与出版的新谱。比如吴隐一人即捐出各类印谱上百种计几百册，丁仁也捐出数十种。这是一次印谱资料的大荟萃。而正由于印社初创，因此创社诸公还捐出现款营造孤山景观建筑，比如“柏堂”“竹阁”“数峰阁”“四照阁”“凉堂”“仰贤亭”“石交亭”“宝印山房”“山川雨露图书室”“三老石壁”“还朴精庐”……此外，还为历代印人作造像，如丁敬、邓石如、吴昌硕造像，乃至刻丁敬像、二十八印人像、赵之谦像等像。可以说，没有印社初创时期来自创社四君子及社会贤达的各方鼎力扶持，西泠孤山作为近现代篆刻重镇与中心的地位，是不可能获得确认并有如此高的认同度的。

在经历了抗战与解放战争之后，西泠印社在20世纪50年代后期开始了恢复的进程。正是在这个时期，印社又迎来了第二轮捐献印学资料的高潮，其中印社社员张鲁庵个人捐献各种印谱400余种，印章1500余方，为西泠印社的社藏作了奠基式贡献。400多部印谱中，有不少是极珍贵的孤本，而印谱数量如此之多，又创造了一个历史纪录。可以说：在近现代以来的百年间，张鲁庵的印谱收藏称得上是独一无二，这批珍贵资料归于印社，使西泠印社在20世纪50年代又一次成为社会各界、文化界特别是艺术界聚焦的中心。在这一时期，除张鲁庵之外，吴东迈也捐献吴昌硕所刻田黄印

还朴精庐

凉堂

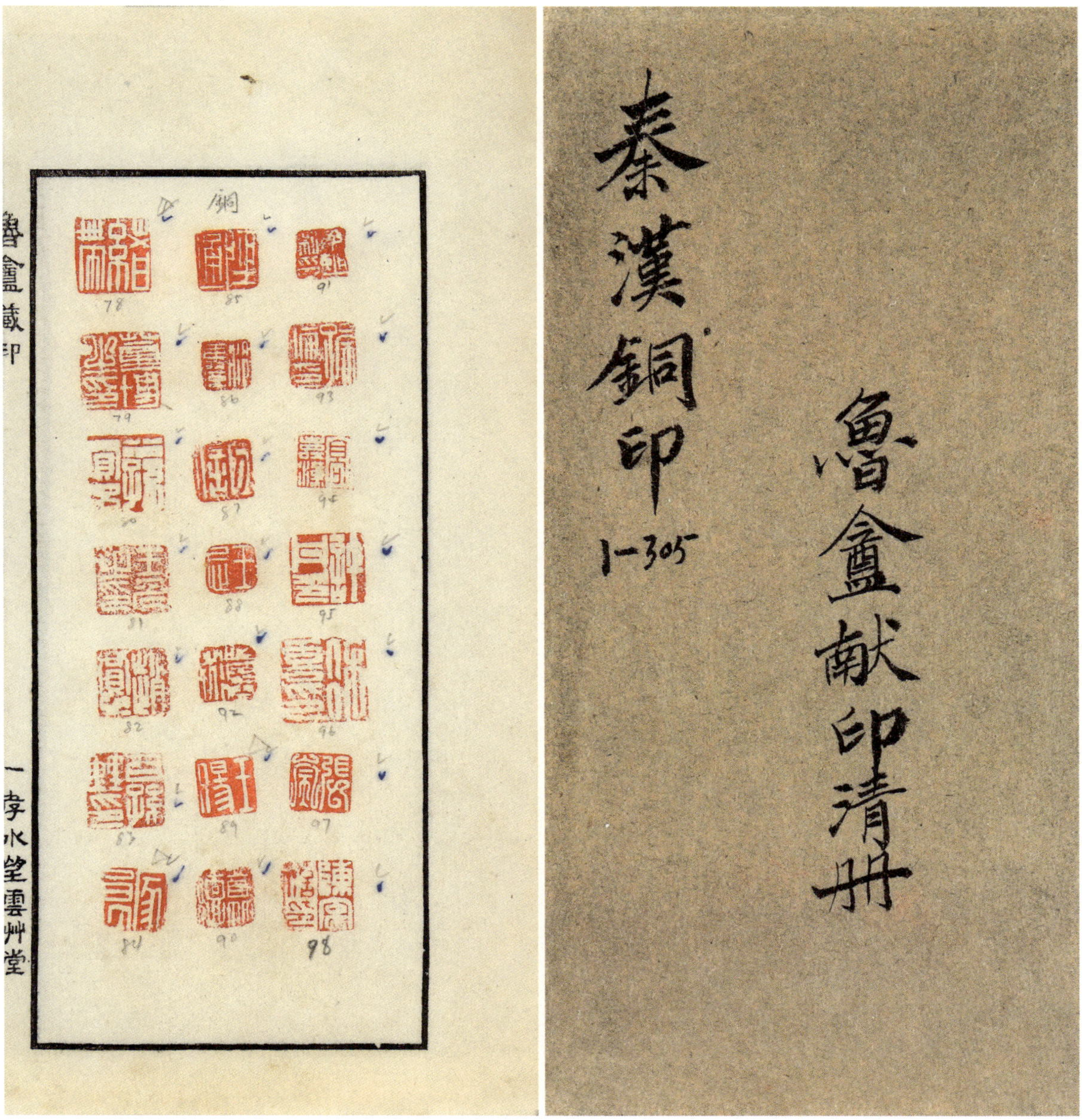

《鲁庵献印清册》

数峰阁

10 余方，葛书徵捐献明清名家印 43 方，王禔家属捐献王禔印章 356 方，自然也足以作为西泠印社社藏的镇馆之宝。

第三次高潮，是在 20 世纪 90 年代末中国印学博物馆筹建之时。除了社员们为提高、丰富印学博物馆的藏品质量而纷纷捐献名品之外，印社还派专人四处奔波，征购了一大批珍贵的印章实物资料，从而使得中国印学博物馆这个中国唯一的专业印学博物馆，能够以最高水平的展品汇聚，反映出百年印学研究的主要脉络与踪迹，从而当之无愧地向世人宣称：西泠印社虽然历经百年而毫无衰败之象，仍然是中国印学乃至国际印学的中心。

三次大规模汇聚印学文献与实物的举动，横跨了整整一个世纪。从每一次的汇聚与捐献、征集行为看，它都可能是孤立的、单向的，但当我们把它置于印社百年史中观察，则它所含有的内在逻辑，以及前后辉映的历史进程的价值，便立即显现出来。可以说：这是近现代中国篆刻史上最精彩的一笔。它为新世纪进行新的篆刻艺术研究，提供了一个极为丰富、扎实的、无与伦比的新的起跑线。

社团组织观念的被认同；

篆刻艺术“独立”观念的形成；

对文化的全面介入；

普及印学功高盖世；

建设印学中心地域“场”；

主导篆刻艺术研究；

汇聚印学实物与文献以形成新的研究出发点。

这七项中，无论哪一项，比起一般意义上的“英雄谱”“名人录”“点鬼簿”而言，不都集中体现出西泠印社在近现代篆刻史中的中心作用吗？试想想，近百年间，有哪个印社社团有过这样的能量与作用？

正是在这个意义上，我们才认为：研究西泠印社史，几乎就是在研究一部近现代篆刻史的大半内容甚至是主要内容。

第四章　西泠印社的大师巨匠们

一个贯穿百年的艺术社团得以持续，首先必然是基于一批名家大师前仆后继勠力同心的艰苦奋斗。西泠印社当然也不例外。准确地说，不仅仅是例外与否的问题，而是西泠印社百年史向我们表明，它是以名家大师的前后承继为脉络的社团典范。

纵观西泠印社所拥有的名家，我们大致可将之分为几个部分作分别叙述：（1）西泠印社中的领袖级名人，这是以几位社长为标志的最高层级的范围；（2）西泠印社与学术名流，这是以学术（印学、古文字学或其他学术）为主导的一条线；（3）西泠印社与社会贤达，这是指文化界、艺术界、学术界、教育界甚至政界等等的名流士子，他们对西泠印社的发展同样具有不可磨灭的贡献。最后才是印社中的篆刻名家，自然，他们的努力与贡献是题中应有之义，却也是本来的职责，故而是无须多论的，我们的讨论应该以前三类为主。

第一节　西泠印社中的领袖级名人群

贯串百年的六位西泠印社社长，即吴昌硕、马衡、张宗祥、沙孟海、赵朴初与启功先生，是当之无愧的中国书法篆刻界与文化界的宗师。他们中的每一位的领袖地位，都是无法动摇的。这是第一层次，至少在西泠印社社史角度来看，是如此。

副社长中，傅抱石、潘天寿、王个簃、方介堪、方去疾、诸乐三、钱君匋以及程十发先生等，也皆是公认的艺术巨匠。他们虽未必皆是在艺术与学术（大文化意义上）领域的双擅者，但在各自的领域中都有着足够的威望与影响力。本来，他们也有足够水准进入“领袖级”的层次，但站在西泠印社社史角度来看，我们将之定在第二层次。

除此之外，四位创始人即丁仁、王禔、叶为铭、吴隐，论贡献在印社堪称卓著，对他们的定位，应该介乎第一与第二层次之间。比如王禔，或可以其个人成就突显于时，而其他三位在文化界、学术界的地位与影响有限，故不得不置于第二层次。

吴昌硕是众口一词的近代在书、画、印三栖均首屈一指的大师巨匠。在这一百年之间，还没有人能超越或与他抗衡。而且除了个人成就，他遍布天下的门生子弟，以及他积极与国外（如日本、韩国）艺术家展开交流，使他的名声遍及海内与域外。近代书画篆刻史上的吴昌硕，是一个技艺精湛的大师，还是一个观念超前的实践家，广结社团、邀聚同人，又有那么多的门生，这样的气度，是同时代其他篆刻家所无法达到的。不但是同时代，即使是百年后的今天，远在东瀛的艺术家还以曾从学于吴昌硕

吴昌硕

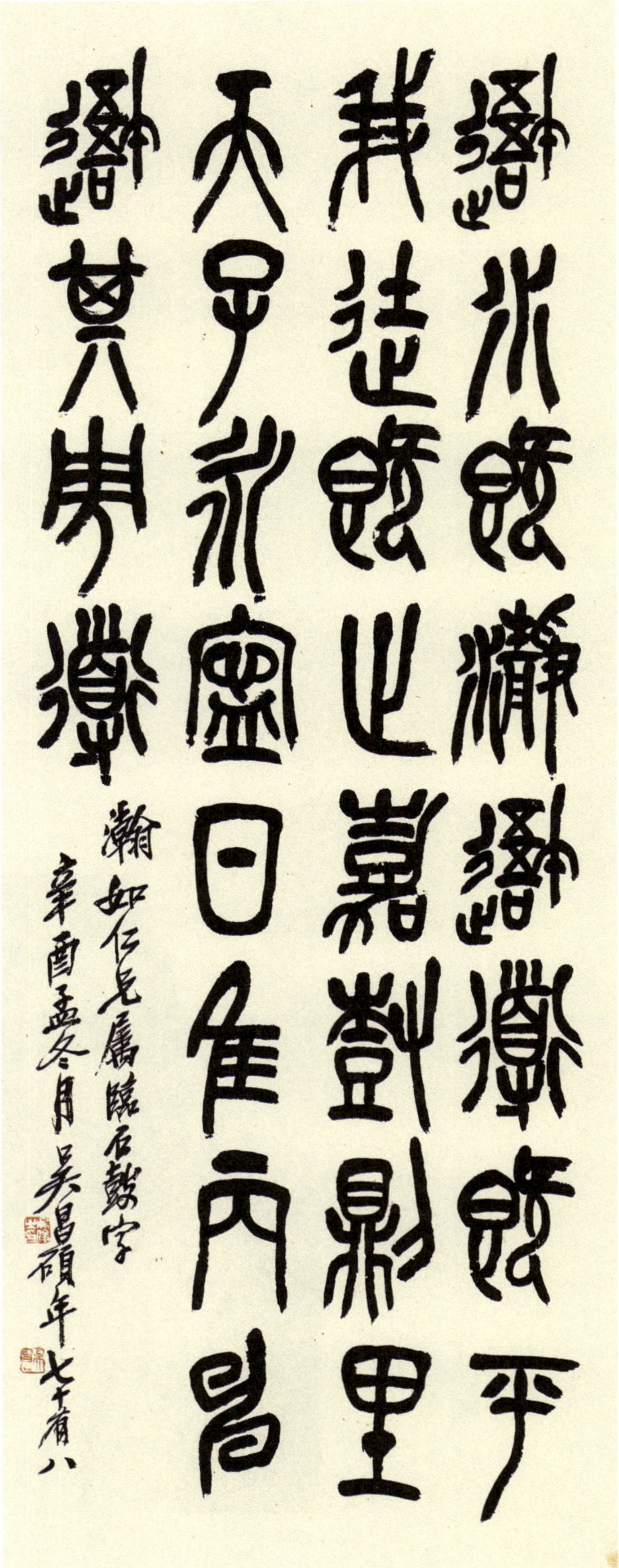

吴昌硕 《临石鼓文轴》

吴昌硕 《国色天香图轴》

并以能将自己挂上吴昌硕谱系而荣耀，这即可证明他的“法力无边”。可以说，在当时的艺术界，还没有人能达到他这样的个人成就高峰，也还没有人能具有他这样的威望、覆盖面与影响力。这，即是“领袖”的标志。

马衡是第二任印社社长。作为印人，他在创作上有《凡将斋印存》，后其子又辑《锴庐印稿》，在西泠印社四君子之一丁仁的《咏西泠印社同人诗》（集《论印绝句》）中，即有咏马衡的专门诗作。在理论上，他有《谈刻印》发表于1944年《说文月刊》。但作为一个文化领袖，马衡的以下经历可能更令人关注：1922年任北京大学教授兼研究所国学门考古学研究室主任，主讲金石学；1925年任故宫博物院古物馆副馆长；1933年任故宫博物院院长，在抗战后期主持闻名中外的“文物大迁移”。至于其在金石学方面的贡献，一是注重实地考察，如至新郑、孟津考察铜器出土地，至洛阳考察汉魏石经出土地，至貔子窝、燕下都参与发掘工作；二是著有金石学方面的专著论文《中国金石学概要》《石鼓为秦刻石考》《中国之铜器时代》《戈戟之时代》《记汉居延笔》《新嘉量考释》等，是一个顶级的金石学大师。他出任西泠印社社长，应该是应了“保存金石”这一宗旨，实至名归，并无半点生硬，相反还在吴昌硕浓郁的文人士大夫气

马衡

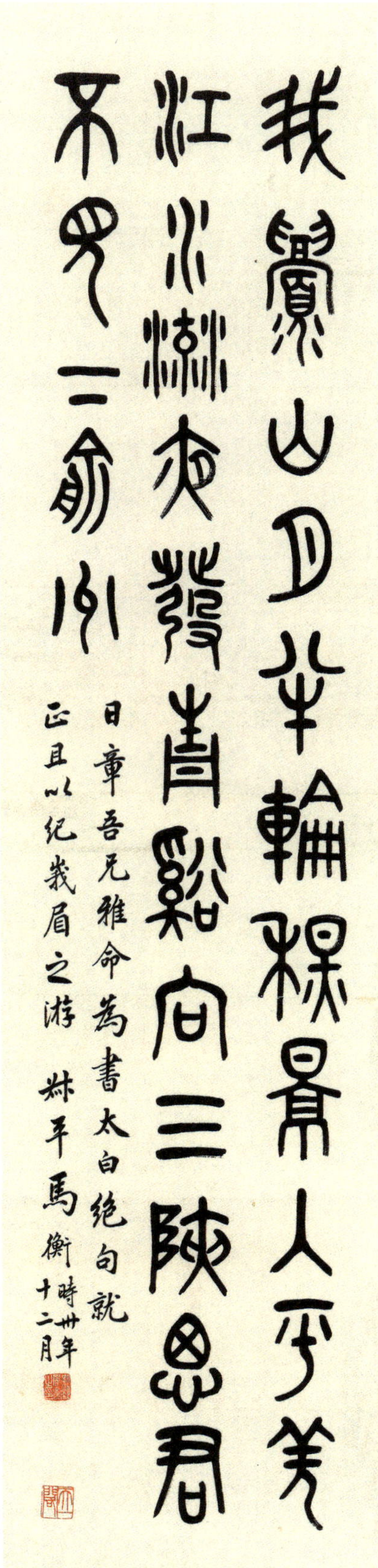

马衡　篆书李白《峨眉山月歌》

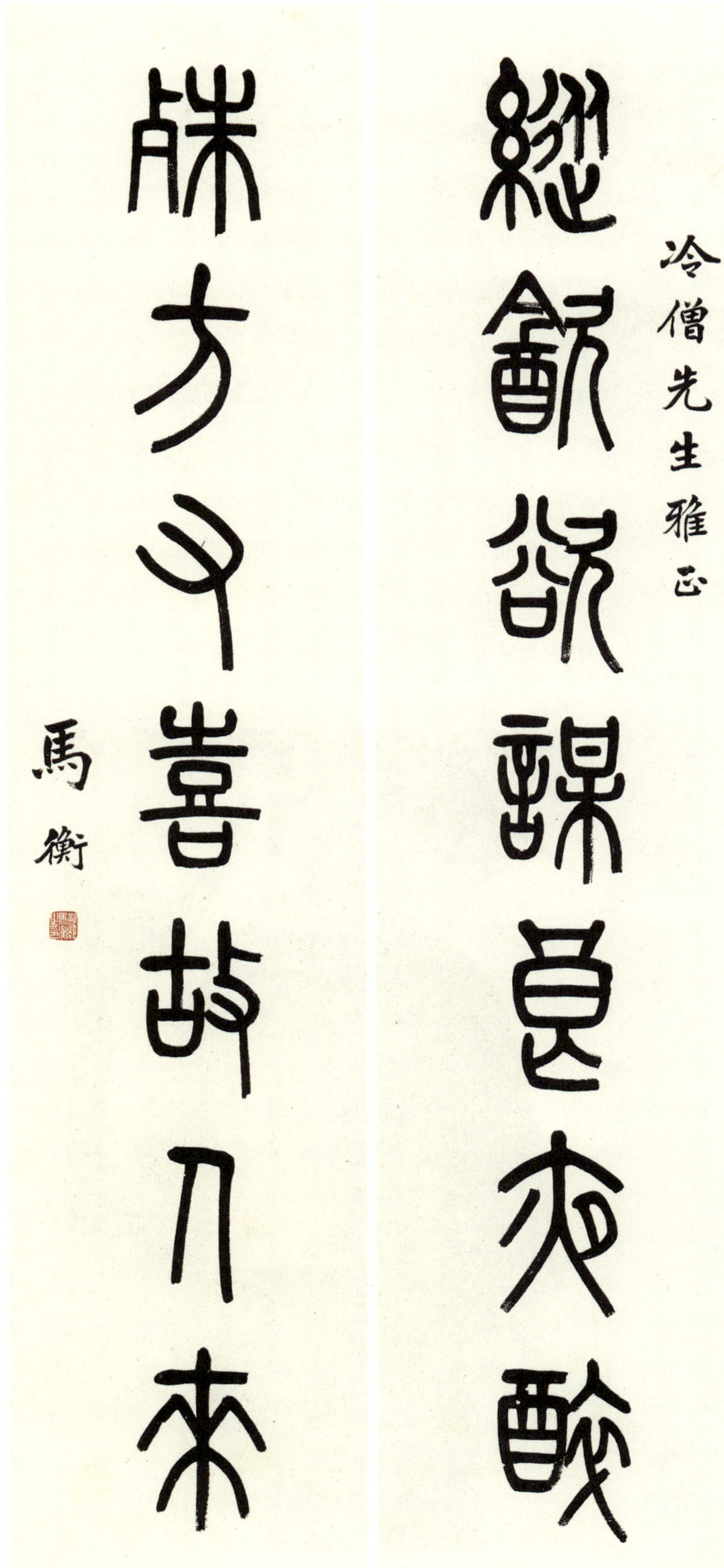

马衡　篆书《纵饮殊方七言联》

之外，平添了一种肃穆的学者风范。作为“金石学”的大师，马衡无人可以比肩，那么作为一代印学领袖，马衡自有他的标志性价值。

张宗祥是第三任社长。早在青年时，张宗祥即与浙江两级师范学校校长、西泠印社社员经亨颐有金石之交，并于1908年首次参加西泠印社秋季雅集，结交吴昌硕，诗作中咏西泠八家的颇多，并有《张宗祥藏印选》《张宗祥印选》行于世。而他在1956年秋于浙江省人民代表大会上提交恢复西泠印社的议案，更是以个人之力为西泠印社接续了50年一脉香火，即此一点，他对印社的贡献足可上攀四位创始人，从而成为西泠印社的中兴名臣，或谓他在印社的中坚作用可能更鲜明于马衡。而作为文化领袖，他在古籍研究、目录版本学方面，更是具有时代性的伟大业绩。担任浙江省教育厅厅长、浙江图书馆馆长还只是他身份上的一种象征，而组织补抄《四库全书》归藏文澜阁，手抄、校勘各种古籍，如《国榷》108卷、《越绝书》15卷、《洛阳伽蓝记》5卷、《神农本草

张宗祥

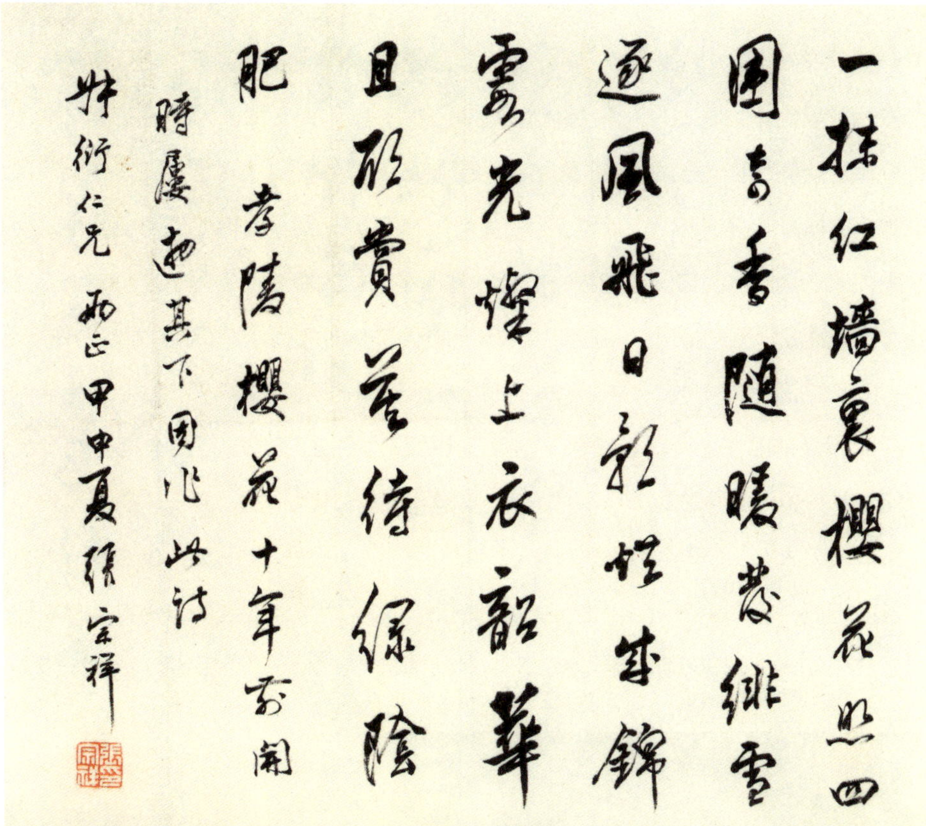

张宗祥　《行书自作诗》

张宗祥　《拟南田笔意》

经》4卷、《论衡》30卷、《吕氏春秋》10卷，以及校补《明文海》等，乃至在晚年将亲自核抄稀世善本古籍2000多卷捐献浙江图书馆，皆可说是惊天动地、在古文献学界具有举足轻重的地位与影响的。此外，他在1919年所撰的《书学源流论》在近现代书学方面同样具有开启新学、筚路蓝缕的功绩。如果说马衡作为第二位社长，是以金石学统领印学从而扩大了印学的视野的话，那么张宗祥的功绩，则在于存亡继绝，并以版本目录文献学家的身份，在推扬西泠印社的学术形象方面起到了至关重要的作用。正是有了他的庇荫，印学家、篆刻家才有机会积极从事"研究印学"活动。

沙孟海是第四任西泠印社社长。这又是一种不同于前三者的新的典范。他早在1928年即写出《印学概论》，至1962年又写出系统的《印学史》。此外，在创作方面有《兰沙馆印式》，在印学笔记方面有《沙邨印话》，又在论文方面涉及过许多前人未曾涉及的课题并获得崭新的学术结论。如1963年撰《印学的发展》、1964年撰《记巴慰祖父子印谱》、1966年撰《谈秦印》，20世纪80年代后则有名声赫赫的《印学

沙孟海

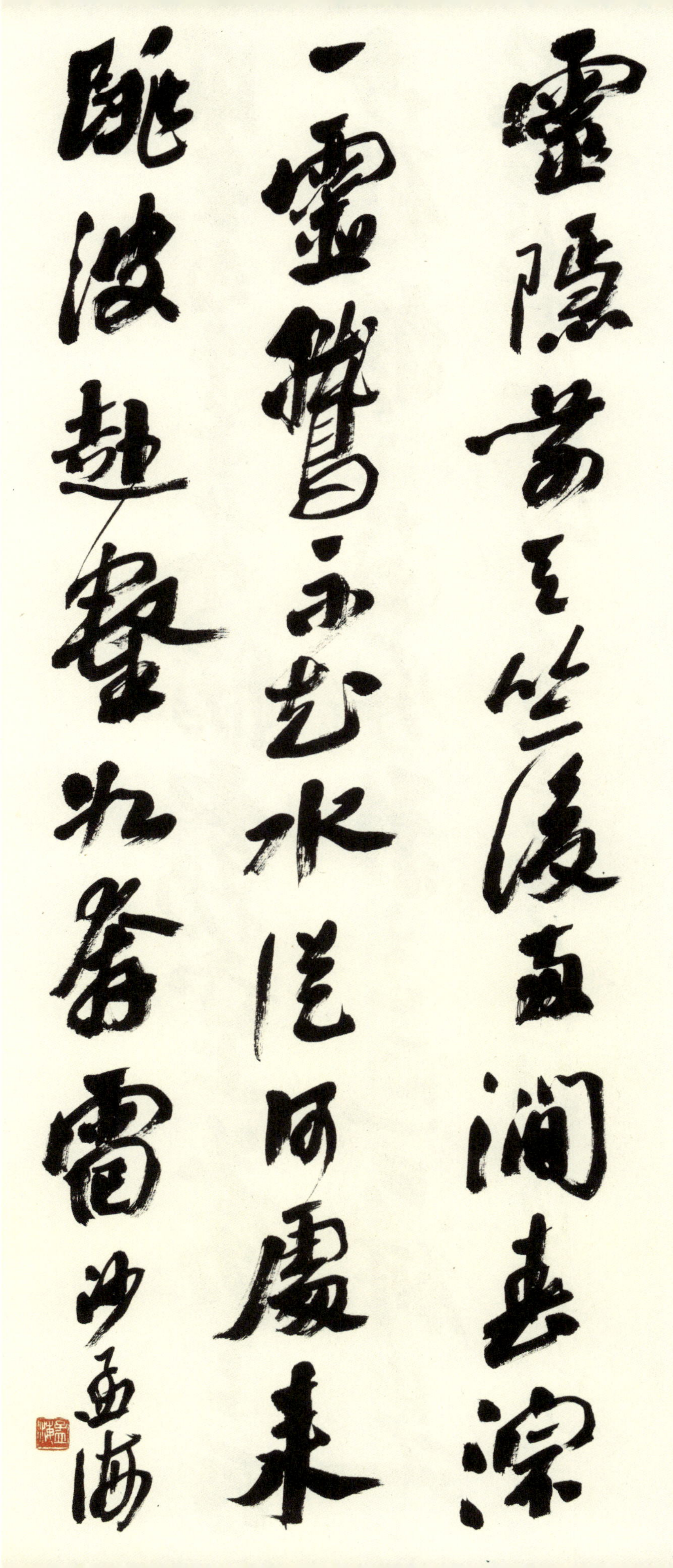

沙孟海　行书苏轼《灵隐前一首赠唐林夫》

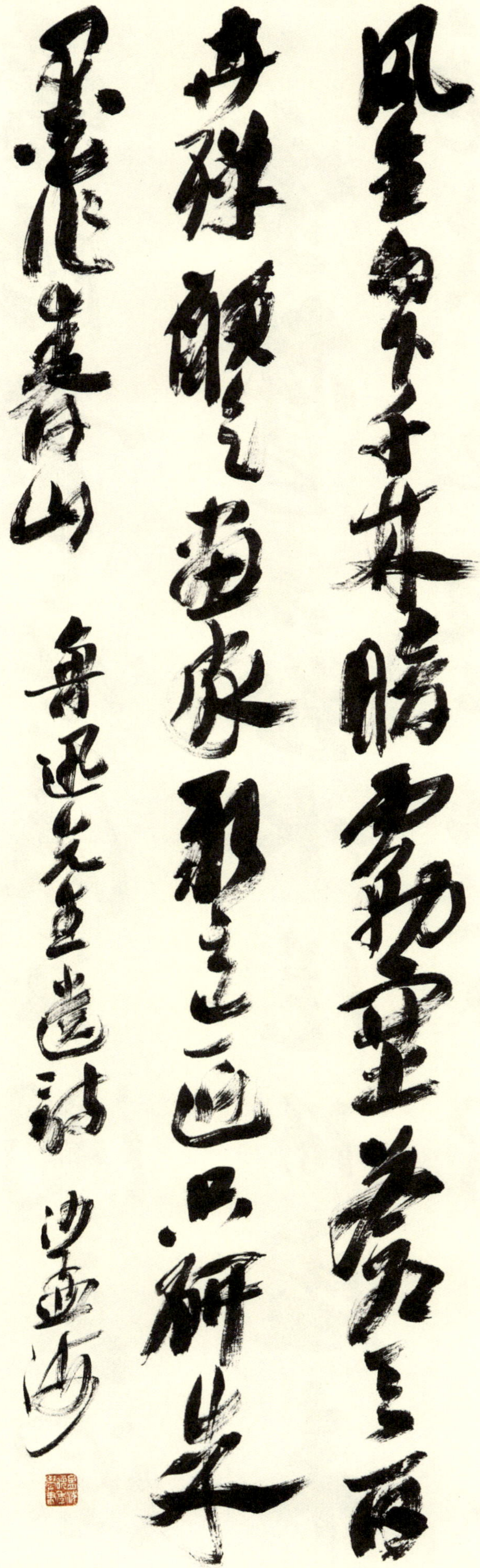

沙孟海　行书《鲁迅诗句》

形成的几个阶段》。所有这些印学的内容在沙孟海的创作、学术生活中只是一个局部，但却体现出了明显的“专业”“职业”“主业”风范。于是，作为一个学者，他的学术范围更集中地圈定于“印学”,从而与“研究印学”的宗旨形成了真正的对接。这一点，是同样擅长学术的马衡、张宗祥，与不擅学术但诗文或篆刻创作极优的吴昌硕所无法比拟的。当然,仅仅看到沙孟海的“主业”是印学研究,或是他的篆刻创作与研究双擅，还不足以领悟体察他的伟大。更关键的在于，沙孟海是一个极为热衷创新研究的人物。在西泠印社八十大庆（1983）之际，沙孟海以社长之尊和一个学者大师的至高身份，毅然对长期以来以“金石”指代“篆刻”，造成“金石学”与“印学”混淆的传统进行了旗帜鲜明的批评，在当时也曾引起印社中老辈社员的不理解，并且引发了一些辩论。在现在看来，这种在印学学科独立的层面上力排众议、坚持真理的做法，的确显示了沙孟海作为一社之长的大师巨匠气派。也正是在这里，我们看到了西泠印社的专业印学家（区别于一般篆刻实践家,也不同于金石学家或一般学术家）独特的熠熠光辉。在 100 年社史中，沙孟海在篆刻学（印学）的学科建设与学术定位方面的贡献，是最为光彩夺目的、无可取代的！他不但是书法大师，也是使印学界足可比肩于同时代其他学科的真正的“领袖”。

赵朴初是第五任印社社长。作为中国的国家级领导人，他是全国政协副主席，又是中国佛教协会的会长。政治头衔本来未必能直接套用于像西泠印社这样的学术团体，但当一个文化素质绝高，又是一代书法大师的重量级人物来担任西泠印社社长，而且是从原有的名誉职务转向实职（赵朴初是沙孟海任社长时期聘请的名誉社长），这种在常理上很难想得通的范例，至少带给我们两个方面的启示：第一，西泠印社在文化界的身份地位绝高，至少可与像中国佛教协会这样的社团并驾齐驱；第二,一位已身兼要职的国家级领导人（是文人学者型的领导人）眷顾西泠印社，又体现西泠印社的“清流”形象。赵朴初善诗、工书，一手苏体冠绝天下。他是一位享誉时代的社会活动家与国务活动家。在就任西泠印社社长期间,他从关心《西泠艺丛》的编辑事宜，并捐款资助这样的小事开始做起，表明他作为社长并不只是挂个空名虚位而已。但对一位国务活动家而言，这些当然并不是最有价值的业绩。与张宗祥的存亡继绝相近似，赵朴初的赫赫业绩，在于他以巨大的影响力，为凝聚了几代印社人夙愿的“印学博物馆”的建设,起到了主导性的大作用。今天屹立在孤山侧的“中

赵朴初

国印学博物馆”，作为国字号的、全国独一无二的印学专题博物馆，其创建的确是连20世纪初的四位创始人也未能梦见的辉煌业绩。正是赵朴初的鼎力，圆了数代西泠士子的梦(1)。试想：有哪个印学社团，或更扩开去说，有哪个文艺社团，像西泠印社这样拥有全国独一的专业博物馆？

走向新世纪，我们迎来了西泠印社的第六任社长启功先生。

与已故的五任社长有一个共通点，是启功先生也是书画方面的大师，同时又是一位学术泰斗。启功先生曾任中国书法家协会主席、国家文物鉴定委员会主任委员，这样的头衔足以证明启功先生在书、画方面首屈一指的精深造诣。而在学术上，一部厚厚的《启功丛稿》，还有《诗文声律论稿》《古代字体论稿》《启功絮语》《启功韵语》《启功论书绝句》，以及早年的注释《红楼梦》，向我们展示了这位慈眉善目

(1) 中国印学博物馆的建立，是社中几代印人的愿望。但因为“中国”的牌子一般不用于地方，因此一直不能遂愿。正是因为赵朴初社长以国家领导人之尊，与国家文物局等妥善沟通，才完成了这一千秋大业。

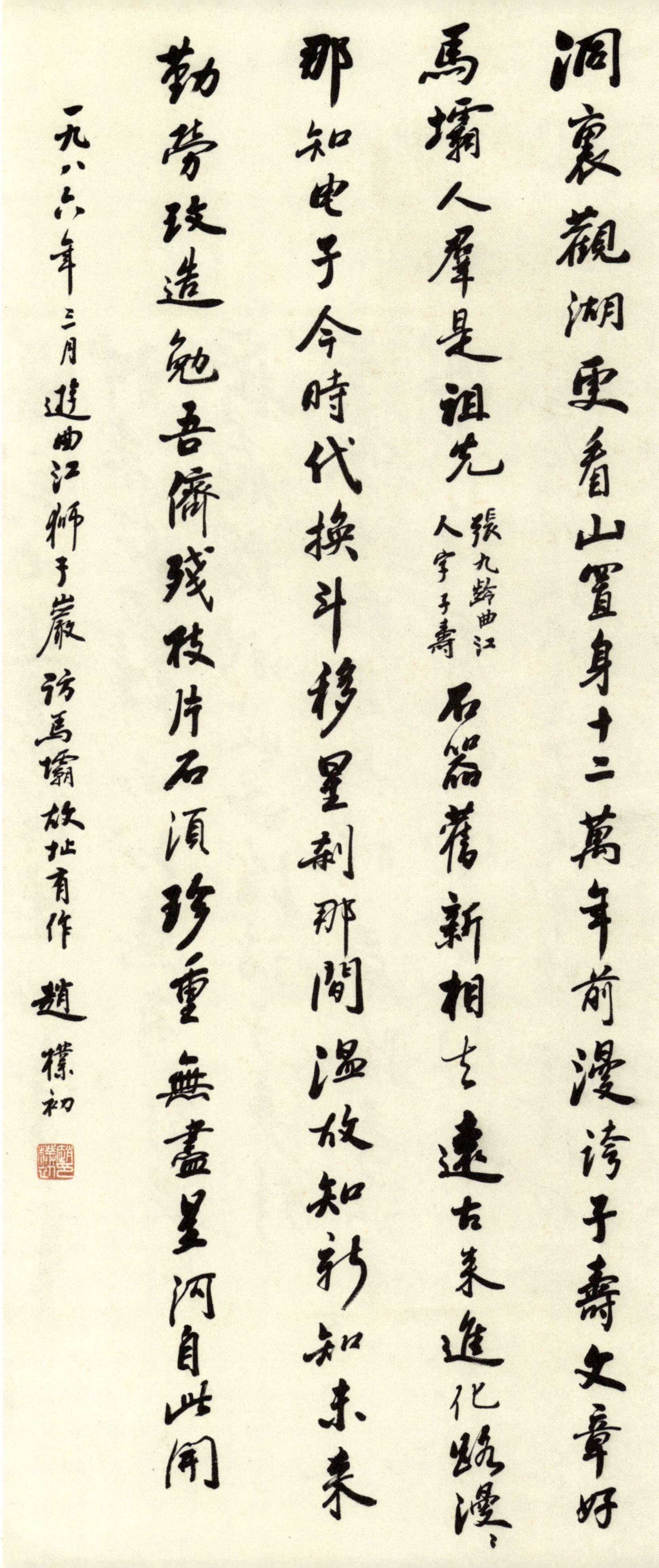
洞裏觀湖更看山置身十二萬年前漫誇子壽文章好
馬壩人羣是祖先
張九齡曲江人字子壽
石器舊新相去遠古來進化路漫漫
那知電子今時代換斗移星剎那間溫故知新知未來
勤勞改造勉吾儕殘枝片石須珍重無盡星河自此開
一九八六年三月遊曲江獅子巖訪馬壩人故址有作 趙樸初

赵朴初 行书《自作诗》

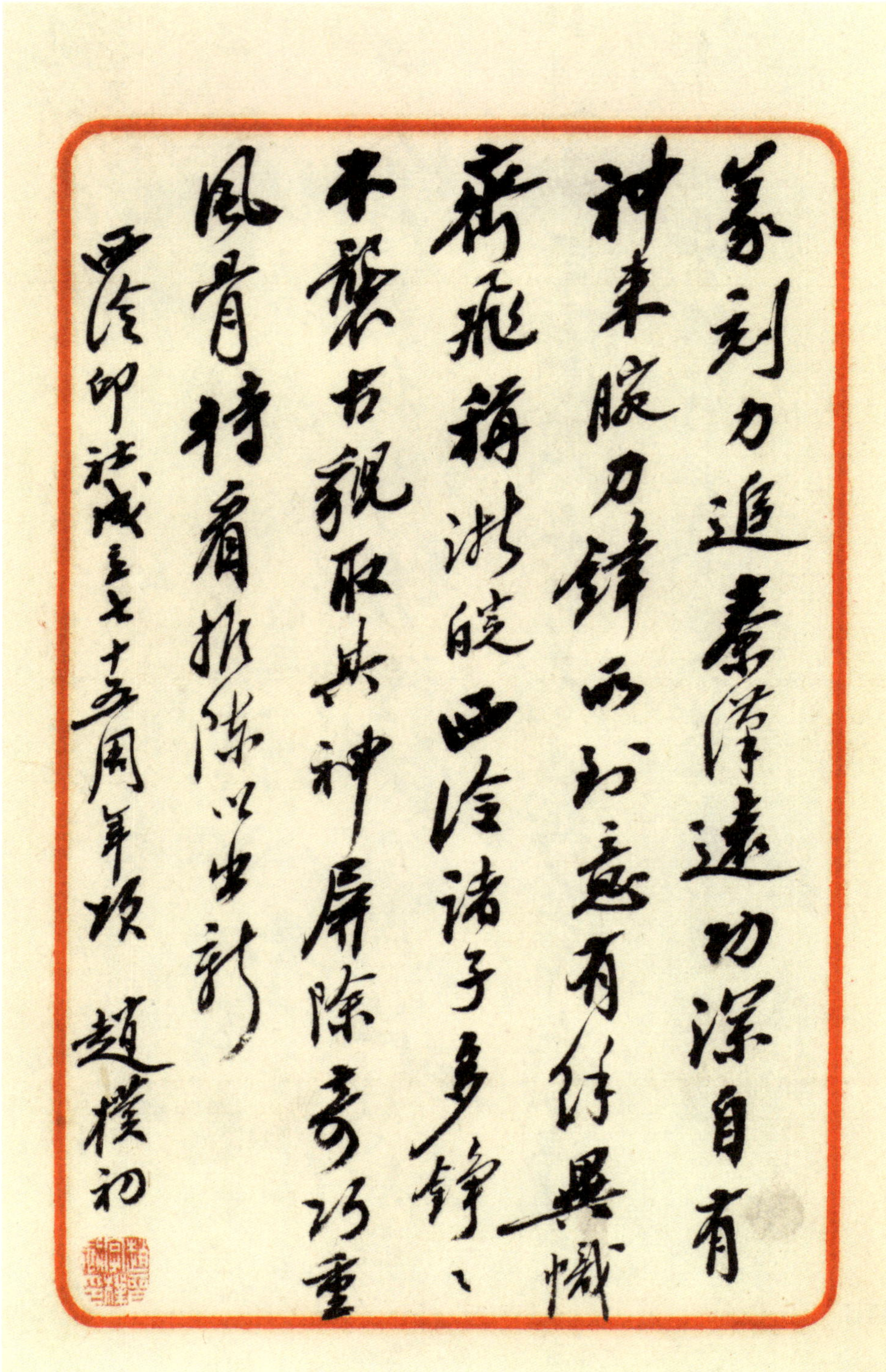

赵朴初　行书《自作诗》

启功

的老人的学术的一面。称启功先生的诗文有“学术魅力”真是一点不谬，他的诗文平白诙谐，能道人所未道，而在学术研究方面又有着非同一般的严谨。启功先生又担任中央文史研究馆馆长，这又是一个应该被理解为“学界祭酒”的“领袖”级职务。他欣然接受邀请出任西泠印社社长，使百年西泠又找到了一杆历史的标尺。可以想象，学术、业绩、身份、名望、地位方面都是国内外公认第一的启功先生作为一种历史空间定位，与西泠印社百年史的时间定位，一旦产生交叉，会为今天的西泠印社带来何种高度与何等的机遇。并且，借助于启功先生在海内外的巨大的“领袖”影响，特别是身居首都北京的优势，西泠印社的活动，天然地会具备全国性的覆盖面并拥有国家级的高度。它对于我们继续谱写西泠印社新的百年历程，将具有无与伦比的价值与意义，并提供一个高层次的出发点。

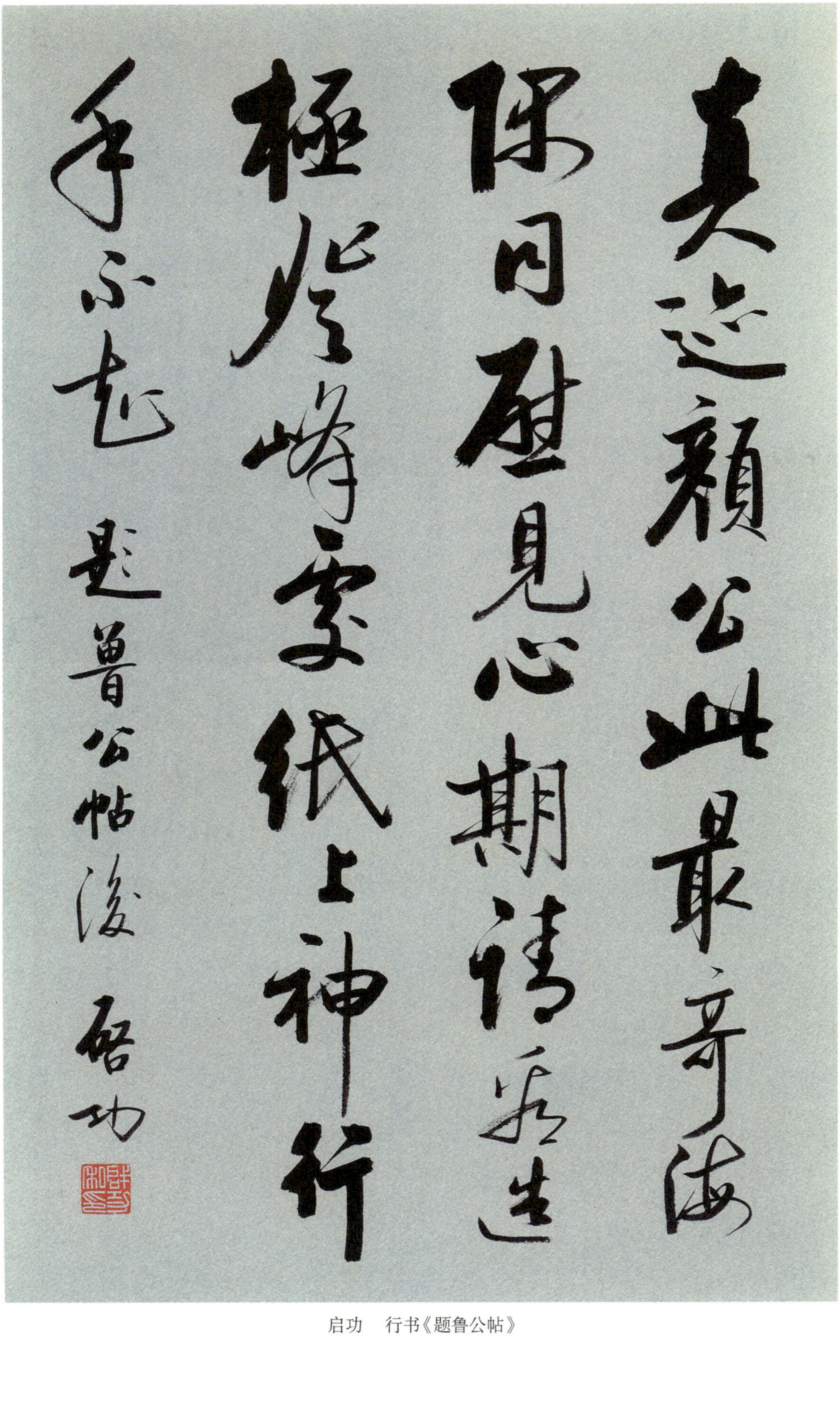

启功　行书《题鲁公帖》

启功　《墨竹幽兰图》

第二节　西泠印社的创社四君子

梳理了六位西泠印社社长的情况之后，让我们再来关注西泠印社四位创始人的情况。

作为一个整体，西泠印社的四位创始人不但对印社的贡献居功至伟，而且自己也都是某一方面的专家。他们虽未达到“领袖”的高度，但作为一代名家特别是组织活动家，自有“领袖”们也无法替代的作用。

丁仁在西泠印社史的四君子中位列“班首”。几篇《西泠印社记》对四君子的排列顺序，或是丁、王、吴、叶（吴昌硕《西泠印社记》），或是丁、吴、王、叶（《呈钱塘县杭州府文》），王与吴的排序互有前后，但对丁仁居首则均无异词（胡宗成《西泠印社记》排列是叶、吴、丁、王，大约是依年龄而列）。之所以将丁仁排列领衔，至少有一个理由是极为充分的：他出身世代书香。杭郡丁氏“八千卷楼”“后八千卷楼”“小八千卷楼”及“善本书室”，是当时钱塘文化界极重要的一个标志。而丁仁之祖丁申、丁丙在收藏古籍图书之时，也收得浙派领袖丁敬的印章72方，至丁仁之父丁立诚，又续收黄小松、奚铁生、蒋山堂及陈秋堂、陈曼生、赵次闲、钱叔盖的印章，先编成《西泠四家印谱》，后又增补各家印至500方，遂成《西泠八家印谱》。迄今为止，这还是最权威的本子。丁仁刻印自辑《鹤庐印存》四册，足窥其铁笔涯略，丁仁集印除西泠八家印之外，兼集浙中印人的书法、文人画、尺牍、书籍等，显见得是一种文化的视角。他除创立西泠印社功勋卓著之外，还建造丁敬像、邓石如像，并刻印人肖像等，还集拓《杭郡印辑》《丁丑劫余印存》等，又对商甲骨契

丁仁　幽意闲情

丁仁　剑胆琴心

丁仁　福德长寿

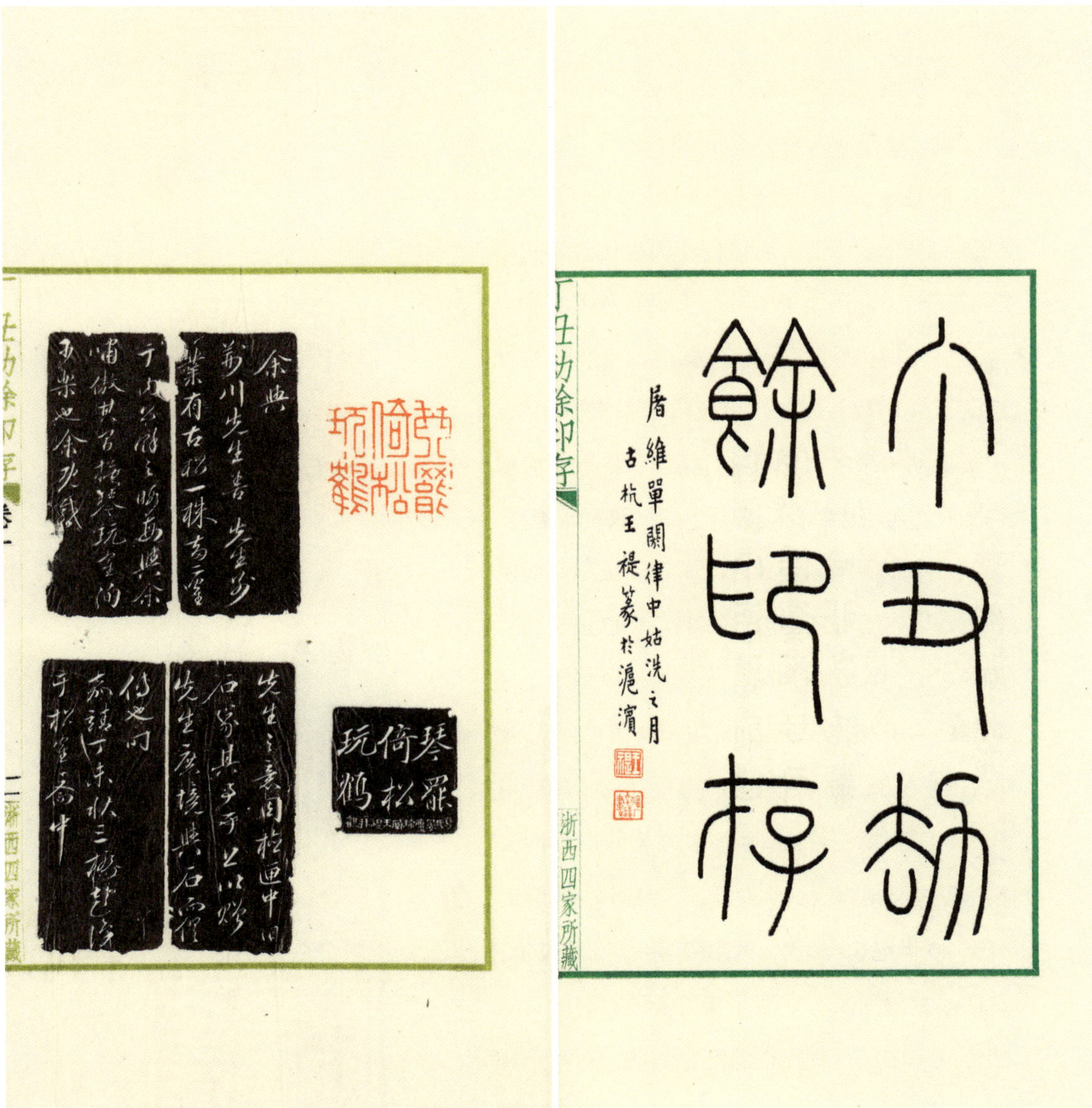

《丁丑劫余印存》

文情有独钟，其甲骨文书联曾广为时贤所瞩目。此外，丁仁还在印刷方面取得过辉煌业绩——欧体仿宋聚珍铅活字的发明者，即是丁仁。中华书局出版《四部备要》，所用的就是这套字模。概言之，丁仁以世家子的地利人和之便，在创社、集印、制谱、刻印这些方面，无愧为创社四君子之首，且许多贡献还具有开创性质。

王禔在西泠印社四君子中，以地道的篆刻创作家享誉于时。若论创作而能进入近代印学史篆刻史，四君子中唯有王禔有开宗立派之功[1]。王禔也是世家大族出身，其父王同伯为光绪丁丑（1877）进士，历任杭郡各书院山长。王禔自幼承家学，喜篆刻，又与丁仁同事沪杭铁路局，再与唐醉石同供职于国民政府印铸局，为制“中华民国国民政府印”等。篆刻家而以职业为之，王禔在当时可称典范。也正是在印铸局之时，他与陈宝琛、陈叔通、罗振玉、马衡等结为挚友，从而形成了王禔初创西泠印社之后的又一个高峰。金潜庵办湖社有《湖社月刊》，王禔为顾问；马衡等参与整理清宫内文物，王禔又与容庚、沈尹默、丁佛言共事其间。直到20世纪30年代，他由京返沪、设帐课徒，其铁线篆与浙派正宗面貌盛行天下，对已有的西泠八家印风，有存亡继绝之大功，而对于近

王福庵　不露文章世已惊

王福庵　但开风气不为师

王福庵　带燥方润

王福庵　金石刻画臣能为

（1）有学者认为，在后吴昌硕时代，王禔（铁线篆）、陈巨来（圆朱文）与来楚生鼎足而三，成为这一时代篆刻创作流派的标志性人物。这三位都是西泠印社社员。

《麋研斋印存》

代印风，则有开辟风气之劳。特别是在 20 世纪 40 年代之后，由于吴昌硕、黄士陵、赵叔孺相继谢世，他成为当然的印坛领袖，其门生子弟遍布天下：北京有顿立夫、徐之谦；上海有吴朴堂、高式熊、江成之、徐家植、秦康祥；杭州有韩登安，可谓集一门之盛。在民国以降的百年间，能自成一军并且帐下名士俊彦如云的，除吴昌硕、赵叔孺之外，王禔是声势最大者。又加之他享高寿至 81 岁，长期生活于沪上而遥领西泠，自然也为印风与门派的强盛增色不少。此外，王禔用功极勤，存世印章也最多，仅《福庵印稿》存印即在 12000 方左右，而他手订的自治印谱《麋砚斋印存》有 20 巨册，纵横 80 年的历史长度，几万方篆刻印蜕，足以表明王禔在篆刻界拥有四君子中其他人所不具备的艺术宗匠的影响与威望。在 100 年印史中，是不会没有他的重要地位的。

叶为铭与吴隐的情况稍有不同。他们均非书香出身，也没有朝廷功名。甚至，他们也还算不上一般意义上的“士子”——叶为铭与吴隐，都是“刻碑”的工匠职业出身[1]，而刻碑的“刻工”，自然是无法跻入士林。但也正因为有一手刻碑的手艺，总是文墨艺事，故而又能有机会“与诸君子游”，于是也才有可能在创办西泠印社方面作为中坚并且有足够的见识与手段。

（1）叶为铭与吴隐原都是镌刻碑版的学徒，两人且为同门，同从杭州著名的金石家戴熙之子、开碑铺的戴用柏学艺。《西泠印社志稿》中《吴隐传》有“客杭习镌碑版”，而叶为铭则有叶氏良本所撰《先君为铭公事略》，亦明言“师戴用柏”。目下据记载：叶为铭与吴隐还在 1887 年合刻一碑《重修姜村席村二堰碑记》，当时叶、吴均 21 岁。请参见林乾良：《西泠群星》，2000 年，西泠印社出版社，第 6、10、12、14 页所记。

叶为铭　一息尚存

叶为铭　婆娑岁月

叶为铭在西泠印社初创时筹建“山川雨露图书室”，“以供同人研究印学和集会栖息”，其后丁仁、吴隐、王禔相继赴沪赴京发展，而叶为铭则据守西泠，虽仍以刻碑为业，却为孤山上的景观建置不遗余力，40 年如一日，担任督造守护之责。四位创始人中，若论与西泠印社朝夕相守、精心建设、悉心维护之功，无人能出叶为铭之右。而他本人在 40 年间也不断钻研铁笔，有了大量的创作印谱，如《松石庐印汇》《铁华庵印集》《逸园印辑》，及手摹《周秦玺印谱》等。至于理论研究方面，叶为铭不似王禔只关注古文字学部分而多作《说文部首检异》《麋砚斋作篆通假》之类，反而对文献检证与编撰花费了大量精力，从而体现出了相当的文人士大夫风采。比如，叶为铭曾修纂过最早一部《西泠印社小志》，是现存《西泠印社志稿》的底本，可谓是为印社史保存了最早的第一手史料。而他又编著《金石家传略》《说文目》《叶氏印谱存目》等，都展示出较为正宗的著述家风范。而最值得称道的，是他辑《再续印人传》以继周亮工《印人传》、汪启淑《续印人传》两先贤的著作，该书上起元明、下止近世，共得 551 人，后又增补 50 人；其后又屡作扩展，共集得历代印人计 1886 人，合为《广印人传》16 卷。可以说在历代印人研究方面，叶为铭的《广印人传》不但足以在四君子中鹤立鸡群，即使在近代印学史中也无匹敌者。尤以一个刻碑为生的匠人而有如此学术业绩者，诚为大难事也，即此一项，他就是当之无愧的名家。

吴隐的情况最为特殊，在创社四君子中也最特立独行。

作为以刻碑为业的职业工匠，吴隐有过许多令本行人艳羡的业绩，如《创建长山书院碑记》《葛府君家传》等，年纪轻轻已在这一行中崭露头角。他还在 21 岁时与叶为铭（也是 21 岁）合刻《重修姜村席村二堰碑记》，足见两人原有很好的私谊。吴隐在刻石方面另有一项创举，即是将古今名家楹联三百副缩刻于石，名《古今楹联汇刻》，又适见出他是一个绝顶聪明的才俊之士。从少年时家贫而在杭州碑铺学艺镌刻以求谋生，到自出新意刻古今楹联，又足以证明他不是一个在艺术上安分守己的人物。此外，他早早地就赴上海谋生，刻碑刻到大都市去，又见出他有着从商必需的精明头脑。故而西泠印社在倡议与创办时，他是“由沪归”“由沪遥通声闻，以张其事”，而叶为铭是在杭州本地，一主一客，立场已有所不同也[1]。

吴隐　怕你不雕虫篆刻

吴隐刻印不多，好像也并不在意能否当个篆刻家。虽有《遁庵印存》《吴石潜摹印集存》，但论印则未见出色。他的贡献，主要表现在几个方面：（一）创制优质印泥，为当时的印学研究风潮推波助澜，提供了一流的物质条件。“潜泉印泥”“美丽朱砂印泥”能成为名牌，自与吴隐的经商才能分不开。（二）创办印刷企业，出版了几百种名家印谱与古铜印谱，且质量上乘，广为时人所爱。又出版大规模的典籍《遁庵印学丛书》《遁庵金石丛书》，将古来的印学古籍“一网打尽”，普及印学功不可没。（三）为西泠印社的孤山社址建设出力出资尤多，使西泠印社能有今天这样的景观建筑规模。而这三项，皆是印社四君子中其他三位所未拥有的业绩。从一个刻碑的工匠到拥有印社中最宏大的“文化产业”，吴隐以他出众的才华为我们留下了一个十分独特的范例。

吴隐　爱莲池畔是依家

吴隐　金石癖

（1）关于吴隐，拙文《关于吴隐在西泠印社初期活动的考察》有详细论述，可参看。原文发表于《西泠印社八十五周年印学研讨会》（1988），又刊于《书法研究》1992 年第 4 期。

至此，对于创社四君子的皇皇业绩，我们大致可以做一归纳以清眉目：丁仁有定位之功，王禔有标示之绩，叶为铭有守护之劳，吴隐有联络之力。这四位名家，对西泠印社而言，真是珠联璧合，相得益彰。试想，即使是吴昌硕这样的大师，纵有通天之力，又岂能同时兼顾四者？

丁　仁	1. 书香世家的影响力；2. 收集西泠八家浙派印并编印谱，为西泠印社在杭州找到了落脚点；3. 擅甲骨文书法，在书法上自成一家。
王　禔	1. 传世刻印达 12000 方，为最多；2. 门生子弟遍天下，流派影响力大；3. 铁线篆开宗立派、艺术成就高，足称浙派后劲。
叶为铭	1. 为西泠印社实际上的守护人，朝夕相处 40 余年；2. 编第一部《西泠印社小志》；3. 辑汇《广印人传》，开印人研究之新局面。
吴　隐	1. 创办印泥厂，扩大西泠印社影响；2. 编印出版大批印谱与典籍，普及印学；3. 出资建设西泠印社孤山胜迹，扩展景点规模。

若再更简述四君子对西泠印社史的贡献，则又可得如下一些认识：

丁　仁	印社创办之初需要世家乡绅名流巨宦的影响力，可以为印社在起步阶段即有学术上的高层次定位。丁仁有首倡的优势条件。
王　禔	印社需要专业上的标志人物，且必须不离浙派太远，王禔足以当之。且他活动区域最大，存世时间最长，门生子弟最多，持续影响最大。
叶为铭	印社需要踏踏实实的守护神，不慕虚名，朝夕相伴。叶为铭忠心耿耿，“托孤重臣”之喻，足以当之。
吴　隐	印社需要外交活动家与投资家，吴隐的印泥与印刷出版事业如日中天，在上海又有与吴昌硕这样的人物的特殊交往，对印社又有大量投资。故而他是最好的事务人才。

第三节　西泠印社的中坚力量

在有社长名衔的六位巨匠大师和有创始人身份的四君子之外，西泠印社还有一大批热心社务、钻研印学的艺术家与社会活动家。其中，有“副社长”身份的前辈们，如方介堪、方去疾、王个簃、傅抱石、潘天寿、钱君匋、诸乐三等，自然是此中的首选人士；而另一些没有这一名分的，如张鲁庵、韩登安，以及在新中国成立前入社的高式熊、江成之先生，则又是此中的重镇。当然，像傅抱石、潘天寿、王个簃、诸乐三等虽都有刻印的记载甚至有印学著述的记载，但通常我们多以画家视之而不是以篆

方介堪（右二）

刻家视之，因此作为印社的“中坚”，可暂时置而不论，留待后议。而对于专以印学名于世的方氏诸昆仲、钱君匋与张鲁庵、韩登安或还有秦康祥、阮性山等，还有高式熊、江成之先生，则当然应在我们首论之列。

先来看印社史上十分引人注目的方氏三兄弟。

据方去疾的回忆[1]，丁亥（1947）春温州永嘉方氏一门“亲戚兄弟五人同为西泠印社社员，在当时传为佳话”（《九十年的变迁——代序》）。五人为谢磊明（外舅）、叶墨卿（表兄）、方介堪、方节庵、方去疾五人。五人中方介堪与方去疾后均出任西

（1）见方去疾：《九十年的变迁》，《西泠印社九十年——代序》，西泠印社出版社，1995年，第2页。

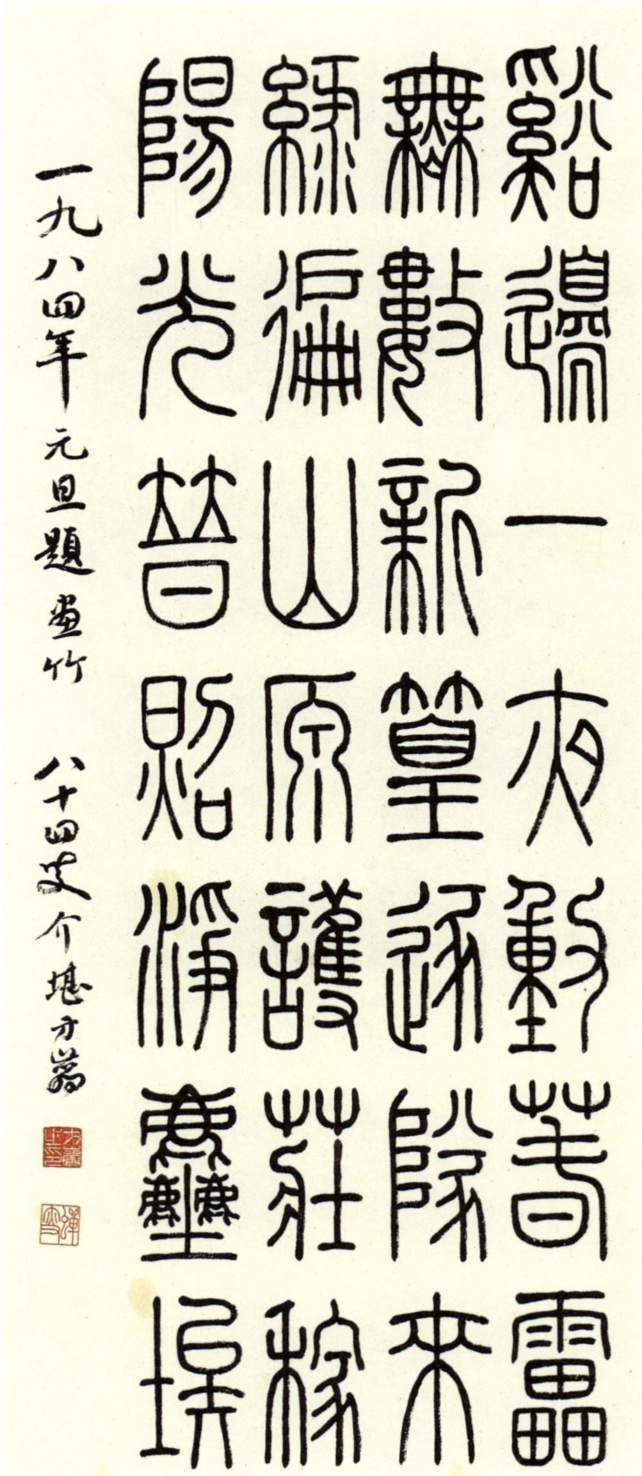

方介堪　篆书《题画竹》

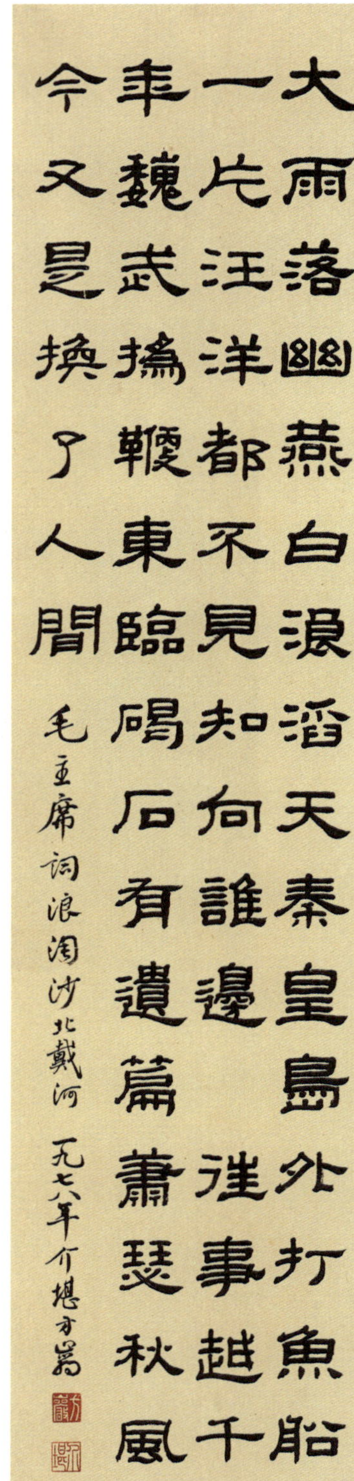

方介堪　隶书毛泽东《浪淘沙・北戴河》

方介堪　度一切苦厄

泠印社副社长。这当然更是“佳话中的佳话”。

方氏三兄弟中，方介堪年最长，方节庵次之，方去疾最小，后二“方”为胞兄弟。方介堪自幼即以鬻印自给，20 多岁赴沪，入吴隐在上海开设的“西泠印社”书肆，任出版部主任。又投入赵叔孺门下专攻铁笔，后至上海美术专科学校教授篆刻课。其印风也开始由博而专，对古玉印的印风进行了深入研讨，还辑《古玉印汇》及《介堪手刻晶玉印》，在上海时，几乎每年皆辑自刻印成谱。直至晚年深居东瓯，还日日治印不稍懈，故而称方介堪为正宗的印人、篆刻家，是对他最恰当的定位。方节庵与方介堪为堂兄弟，亦同时由温州到上海，入西泠印社书肆学艺。而以印谱出版为最主要的业绩。其后，由于西泠印社书肆出版部吴熊无心此道，发展受到限制，于是方节庵于 1935 年自立门户，创办“宣和印社”，出版了《介堪手刻晶玉印》《谢磊明印存》《胡匊邻印存》《吴昌硕印存》《缶庐印存》《徐星洲印存》等，其中尤以《晚清四大家印谱》最有影响。此外，宣和印社精制“节庵印泥”，也广为时人所推许(1)。可惜方节庵于 1951 年方 39 岁时英年早逝。与方介堪相比，方节庵显然不以创作见长，但他出版印谱之精，制作印泥之优，却是蜚声印坛的。方去疾是三兄弟中最小的一位。在新中国成立前的西泠印社活动中，因为年龄他还不可能有所作为。1947 年方氏三昆仲同时加入天下第一社“西泠印社”

方介堪　无为而成

方介堪　暗随流水到天涯

方介堪　花好月圆人长寿

(1) 方节庵的“宣和印社”的详细情况，目下还未见专论研究。但在 2001 年赴温州出席“方介堪先生 100 周年诞辰纪念活动”之际，我在座谈会上发言提到对永嘉方氏与宣和印社的情况还了解不多，缺乏文献资料上的“基础作业”之时，余正社兄告诉我已收集得《宣和印社出品目录》一小册。回杭不久，即差人送来此册之复印件，特在此表示感谢。

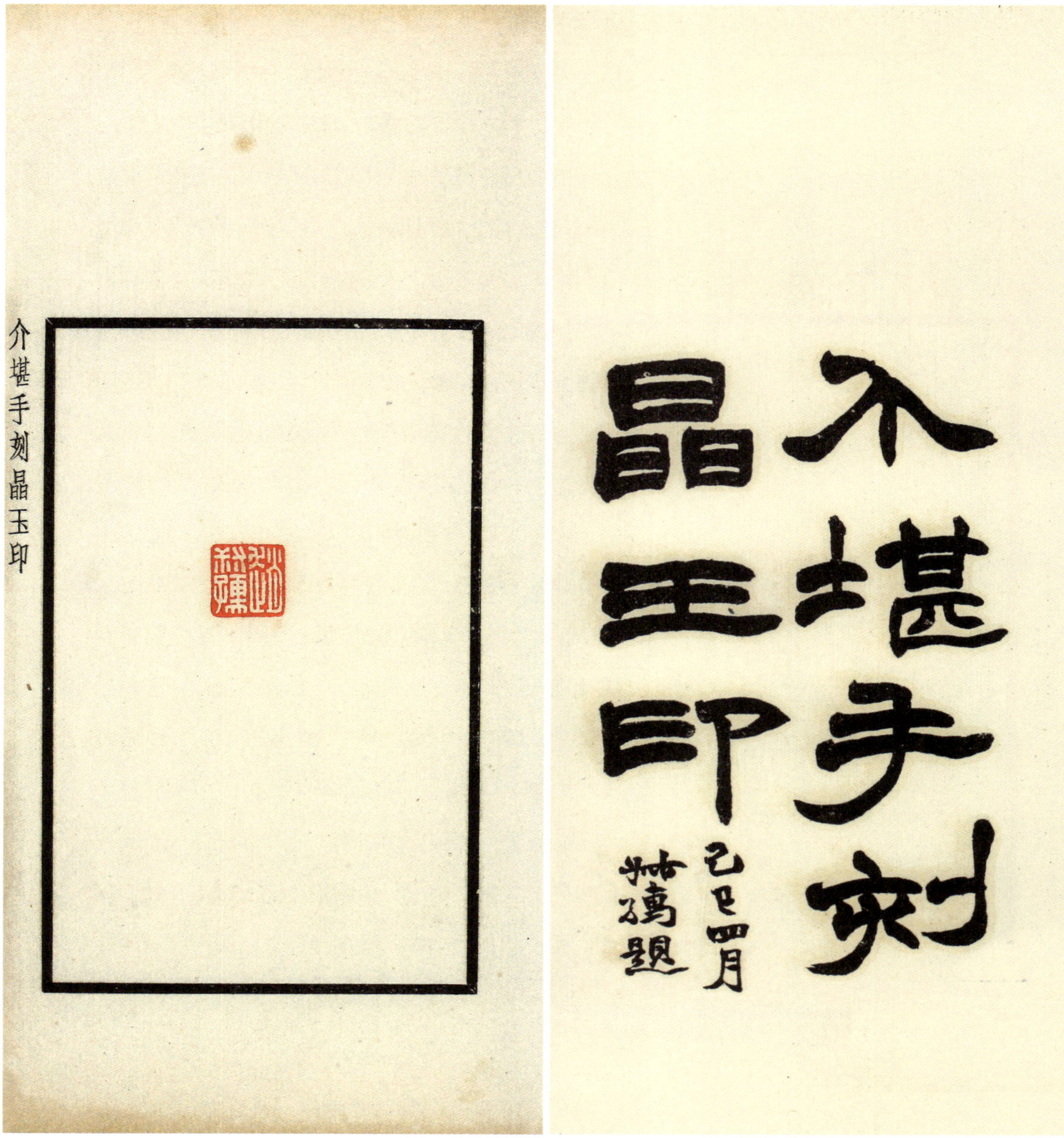

《介堪手刻晶玉印集》

方去疾

之时，他也还只是一个年轻人。但在后50年间，方去疾利用他在出版社的专业地位和在上海书法篆刻研究会中的影响与威望，不断组织各种篆刻专业创作活动与普及印学活动。比如，组织刻《农业学大寨印谱》，倡导简化字入印，汇辑《新印谱》各集，又精心编选出一部在20世纪80年代作为篆刻学习最权威的启蒙教材《明清篆刻流派印谱》。在持续不懈地从事篆刻艺术事业的40年之间，他几乎成了上海篆刻界的领袖，还当选为中国书法家协会副主席。可以说，方去疾的“后发效应”，使他在占地利之便、又取独擅之胜方面，比起方介堪、方节庵来有着无与伦比的优势。至少在20世纪80年代至90年代，若论篆刻的代表人物，是首先会想到方去疾的。

方氏三兄弟，或再加上谢磊明、叶墨卿，在中国100年篆刻史上的地位与作用，还有待于我们去重新认识与发掘——只要看到三兄弟中除早逝的方节庵之外，其余二

晚清四大家印譜
節厂社兄集拓 唐源鄴
晚清四大家印譜
宣和印社
節厂集拓
坿節盦印泥印輯一卷紀念本社主人方節盦先生

《晚清四大家印谱》

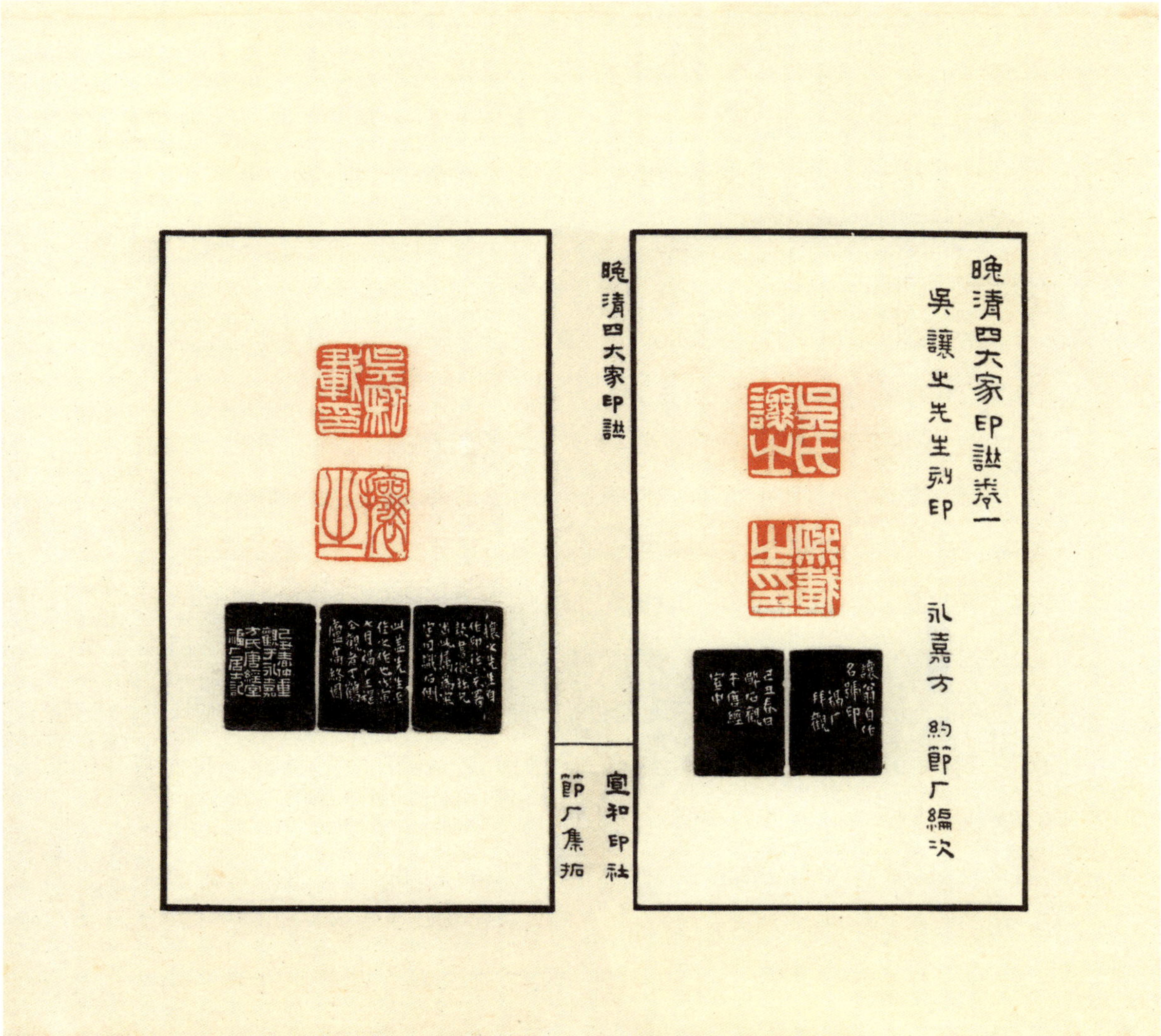

《晚清四大家印谱》

"方"在 1978 年双双当选西泠印社副社长，即可明了他们在印人心目中的威望。他们作为一个"集团"性的存在，或可与建社初期的杭州高氏家族相媲美。杭郡高义泰绸布庄高家有六兄弟，世有"高氏三绝"之称，一是高时丰，善画松，二是高野侯，善画梅，三是排行第六的高络园，善画竹，四是高时衮，五是高时敬，也皆长于丹青。但一、二、六三昆仲皆为西泠印社中人，或为社员或为社友，于篆刻铁笔皆独步于时。知名著作有《乐只室印谱》《方寸铁斋印存》等，而各名家印谱中，高氏为序跋者又甚多，当然也是一个明确的"集团性"的存在。只不过相比之下，仁和高氏昆仲只是把自身的活动定位在文人风雅、铁笔自娱的层次上，而永嘉方氏则以弘扬、发展印学为己任，在不同的历史时期形成重大影响并发挥主导性作用，因此永嘉方氏三兄弟明显地更具有历史的厚重感。

再来看处于百年印社史中期的另一个"群体"——以张鲁庵、秦康祥、高式熊为核心的"中青年"群体。

早在 1948 年初，寓居上海的王禔与门生子弟多有交流往还。由张鲁庵、秦康祥二位发起，准备为西泠印社篆刻一部四册《西泠印社同人印传》。王禔闻讯大为高兴。遂确定名单，张鲁庵提供印石与连史纸、印泥，秦康祥负责文字编写等文案工作，高式熊负责篆刻。其间文字订讹、印稿审核、印谱成书样式、边款小传刻镌，均由三人合力完成后交王禔提出修改意见，最后定稿。《西泠印社同人印传》中，除有社籍登录者外，还出现了一些于印社支持资助有贡献者的名单，共计有 220 方之多。应该说，这是一份绝顶珍贵的、并且在 20 世纪 40 年代（即早于《西泠印社志稿》）即已成形的系统史料[1]。

20 世纪 50 年代初，高式熊在《西泠印社同人印传》的基础上，又刻镌成一套以西泠印社景点名胜（斋馆楼阁）为题材的印谱，意在以景配人，相得益彰，取名曰《西泠印社胜迹印谱》，可见在上海，这个群体一直活跃在印坛上，尽管限于当时的时势，活动范围不可能太大。

除了刻成套的以西泠印社为主题的印谱之外，上海的这个"群体"所做的另一件

（1）高式熊《西泠印社同人印传》镌刻后拓成一部捐给西泠印社，本是绝好的印社史研究史料，但一直未公开出版，是为憾事。我曾在高老处拜读过一次，匆匆未及抄录其人物名单及边款文字。

张鲁庵

秦康祥和高式熊

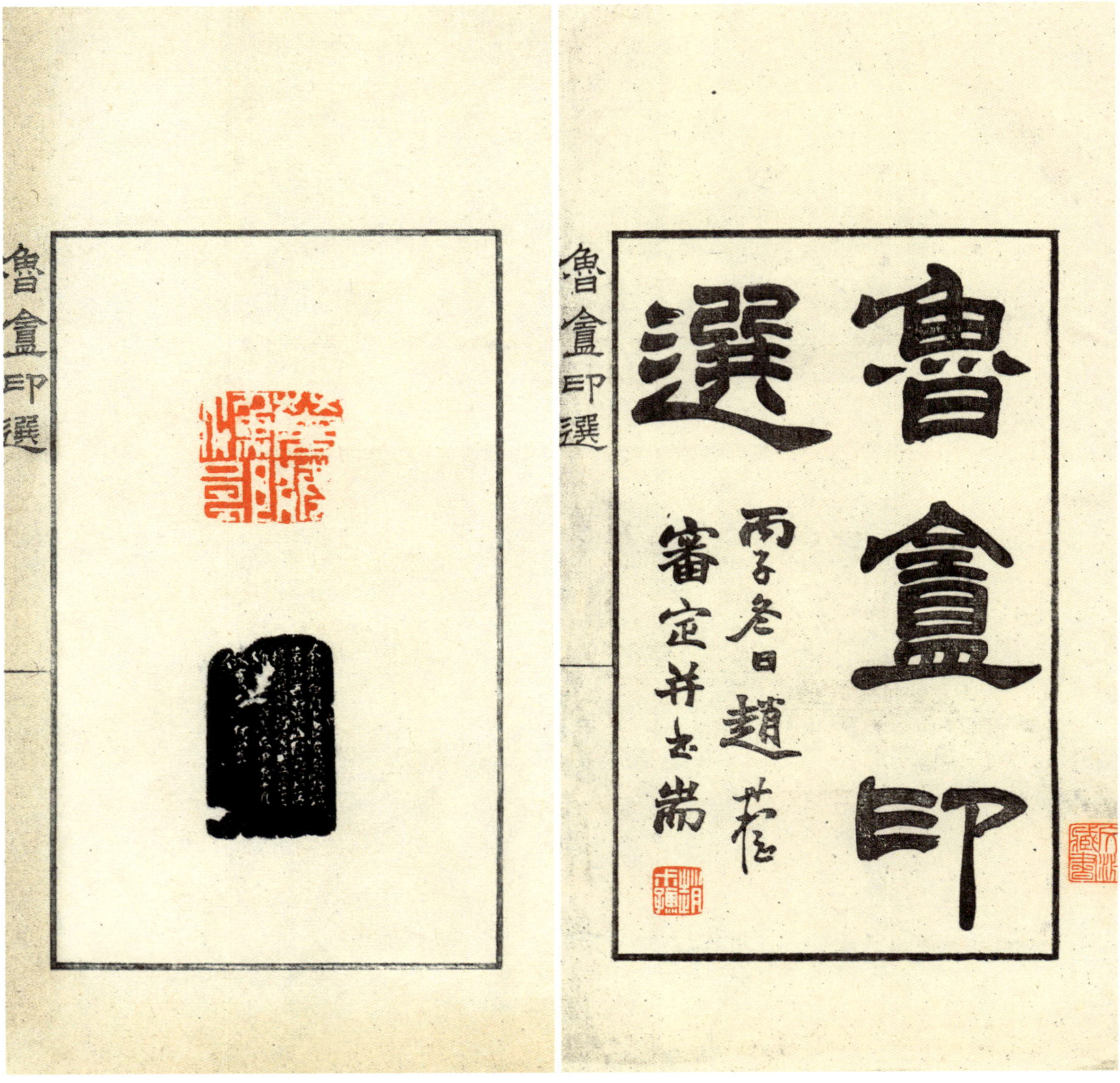

《慈溪张氏鲁庵印选》

大事，是编撰《西泠印社志稿》。

早在印社开十周年成立大会后不久，1915 年之际，叶为铭、丁仁、王禔即共同撰写过一部《西泠印社志》，共分“建置”“掌故”“人物”“艺文”“规则”“藏弆”“志余”等，但此志编成后未及印行，原稿即告散佚。其后，叶为铭曾编成过《西泠印社小志》，流传亦不广。直到 1957 年，由王禔主持，秦康祥、孙智敏等上海“群体”曾共同整理原有资料，终于由秦康祥执笔，完成了迄今为止最为权威的一部《西泠印社志稿》。共分 6 卷：（一）志地，（二）志人，（三）志事，（四）志文，（五）志物，（六）志余。卷前有王禔高足吴朴双勾的赵之谦书风“西泠印社志稿”六字和孙智敏的序，后有王禔与秦康祥二跋。从《志稿》所涉的内容来说，当然不可能是 1947 年才入社的张鲁庵、高式熊等青年才俊们所能经历与把握的。且张、高等均热心篆刻自身的内容，不太注重文字材料与文献，而秦康祥却是于文字文献有特殊的嗜好。他虽然也是 1947 年入社，却一直承担着许多文献整理的工作。比如刻《西泠印社同人印传》时，其中边款所刻的人物传的文字，即是由秦康祥完成的。且秦氏作执笔时，叶为铭也寓居上海，“晨夕盘桓，备闻绪论，缘是尽读社中金石文字”（《志稿》跋）。有这样的条件，秦康祥在王禔、叶为铭二翁的指导下编成的这一部《西泠印社志稿》，自然有较高的可信度。当时的上海“群体”中，应该列出姓名的人除王禔、叶为铭、张鲁庵、秦康祥、高式熊之外，或许还可以有孙智敏、吴朴等。方氏昆仲虽然当时也在上海，但因为是与吴隐、吴熊等交往，所以尽管方氏昆仲也是在 1947 年由王禔、叶为铭介绍入西泠印社的，身在西泠印社上海书肆（或自办宣和印社），却反而未能参与这一群体。

除了在上海有一个以张鲁庵、秦康祥、高式熊为核心，有王禔指导的“群体”之外，在杭州，也有一个同出于王禔之门的“群体”在活动。这个杭州“群体”的努力，直接推动了西泠印社后 50 年的兴旺发达。它的核心人物，是韩登安与阮性山、沙孟海。

若论入社时间，韩氏昆仲韩登安与韩君左，早在 1933 年即加入西泠印社。早岁学徒，得叶为铭与高野侯指点，从 17 岁开始即每年辑成《登安印存》持久不衰，直到 1933 年，才赴上海拜王禔为师。但由于年辈关系，王禔一直不以弟子视韩登安。由于学徒时有过工艺的积累，故韩登安在印钮、边款方面都有独创。而在印文方面，他以说文篆入印，而独以大印多字为胜，1979 年行世的韩登安刻《毛主席诗词刻石三十七首》，每印刻一首诗，共计 35 印，最多每印要刻 114 字。如此绝技，恐怕当世

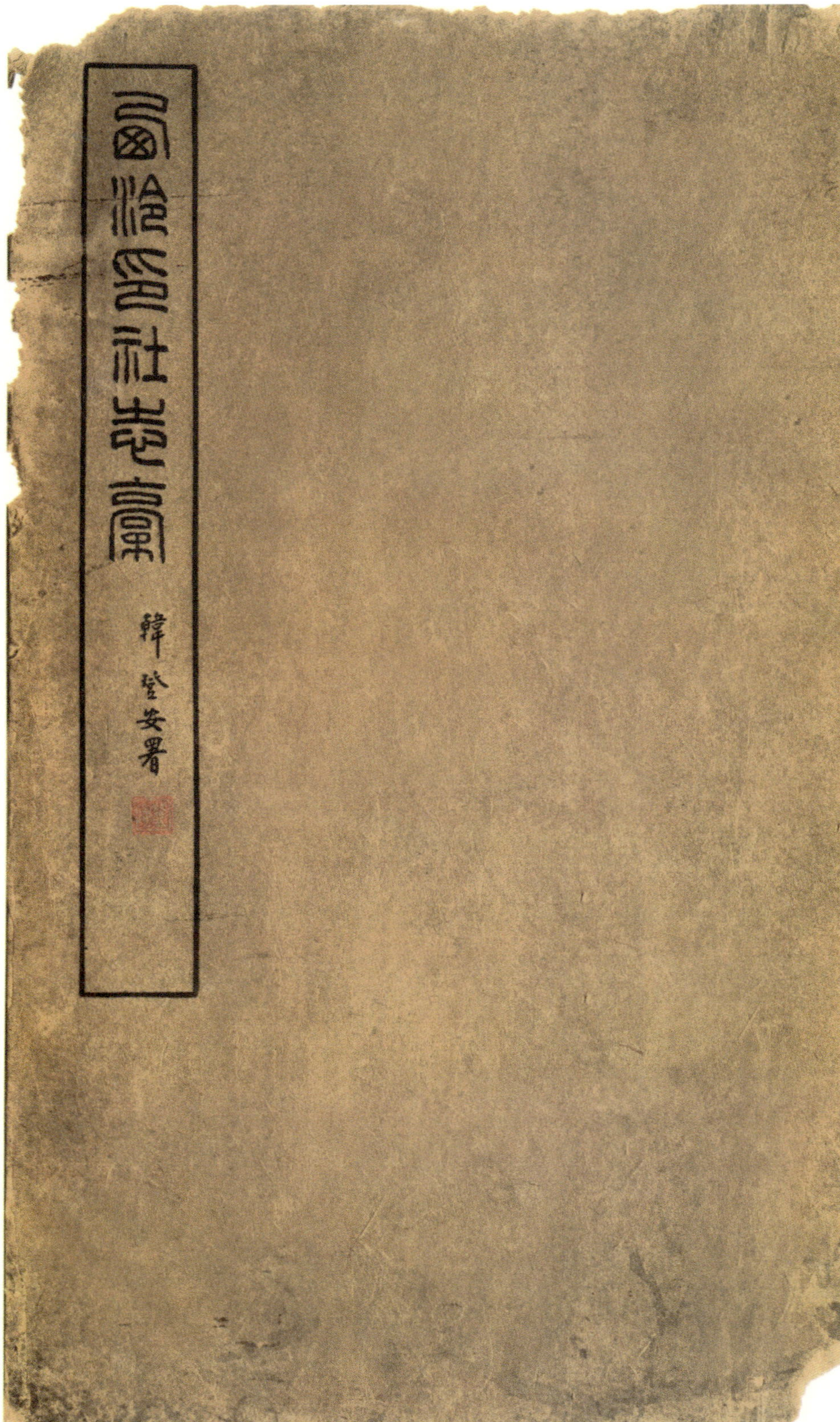

《西泠印社志稿》书影之一

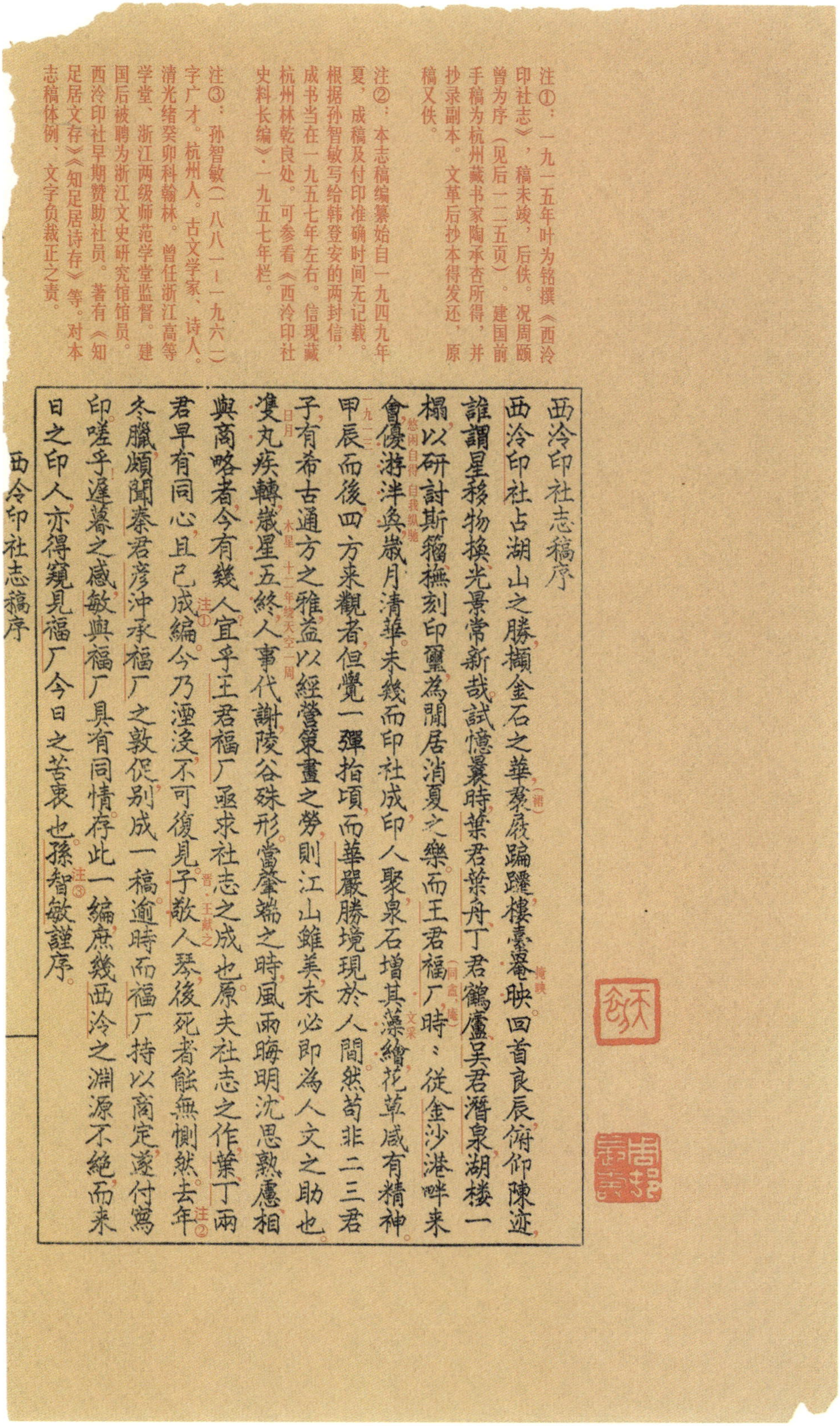

注①：一九一五年叶为铭撰《西泠印社志》，稿未竣，后佚。况周颐曾为序（见后一二五页）。建国前手稿为杭州藏书家陶承杏所得，并抄录副本。文革后抄本得发还，原稿又佚。

注②：本志稿编纂始自一九四九年夏，成稿及付印准确时间无记载。根据孙智敏写给韩登安的两封信，成书当在一九五七年左右。信现藏杭州林乾良处。可参看《西泠印社史料长编》·一九五七年栏。

注③：孙智敏（一八八一—一九六一）字广才。杭州人。古文学家、诗人。清光绪癸卯科翰林。曾任浙江高等学堂、浙江两级师范学堂监督。建国后被聘为浙江文史研究馆馆员。西泠印社早期赞助社员。著有《知足居文存》《知足居诗存》等。对本志稿体例、文字负裁正之责。

西泠印社志稿序

西泠印社占湖山之勝，擷金石之華，裠（裙）屐蹁躚，樓臺菴映（掩映），回首良辰，俯仰陳迹，誰謂星移物換，光景常新哉。試憶曩時，葉君葉舟、丁君鶴盧、吳君潛泉，湖樓一榻，以研討斯籀，撫刻印璽為閒居消夏之樂。而王君福厂（同盦、庵）時時從金沙港畔来會，優游泮奐（悠闲自得　自我纵驰），歲月清華。未幾而印社成，印人聚，泉石增其藻繪（文采），花草咸有精神。甲辰（一九一二）而後，四方来觀者，但覺一彈指頃，而華嚴勝境現於人間。然苟非二三君子，有希古通方之雅，益以經營策畫之勞，則江山雖美，未必即為人文之助也。夋丸（日月）疾轉，歲星（木星十二年绕天空一周）五終，人事代謝，陵谷殊形。當肇端之時，風雨晦明，沈思熟慮，相與商略者，今有幾人？宜乎王君福厂亟求社志之成也。注①原夫社志之作，葉丁兩君早有同心，且已成編。今乃湮沒，不可復見。子敬（晋·王献之）人琴，後死者能無惻然？去年注②冬臘，頗聞秦君彥沖承福厂之敦促，别成一稿。逾時而福厂持以商定，遂付寫印。嗟乎！遲暮之感，敏與福厂具有同情。存此一編，庶幾西泠之淵源不絕，而来日之印人，亦得窺見福厂今日之苦衷也。孫智敏注③謹序。

西泠印社志稿序

《西泠印社志稿》书影之二

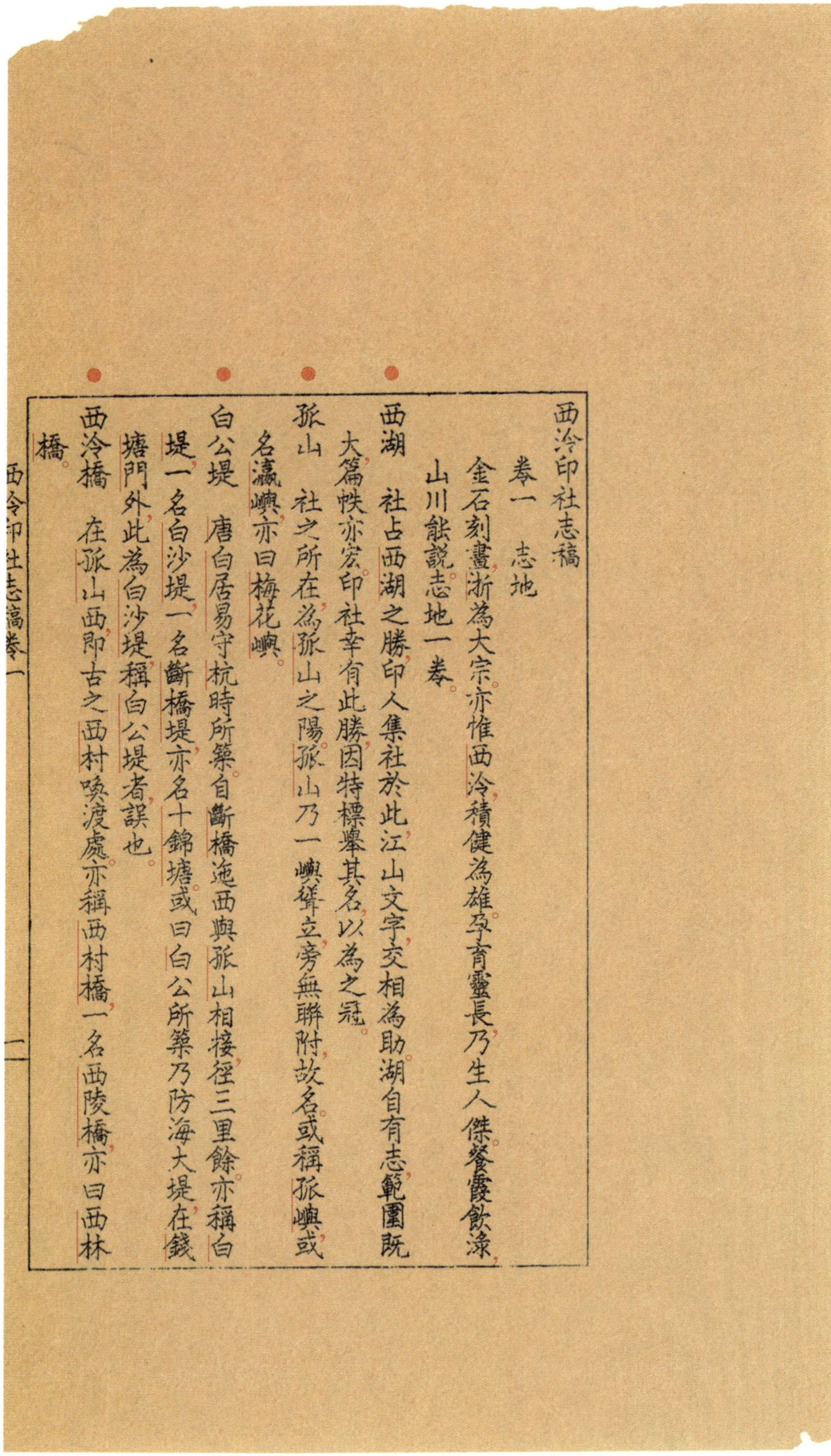

西泠印社志稿

卷一　志地

山川能說志地一卷

金石刻畫浙為大宗亦惟西泠積健為雄孕育靈長乃生人傑餐霞飲淥

西湖　社占西湖之勝印人集社於此江山文字交相為助湖自有志範圍既大篇帙亦宏印社幸有此勝因特標舉其名以為之冠

孤山　社之所在為孤山之陽孤山乃一嶼聳立旁無聯附故名或稱孤嶼或名瀛嶼亦曰梅花嶼

白公堤　唐白居易守杭時所築自斷橋迤西與孤山相接徑三里餘亦稱白堤一名白沙堤一名斷橋堤亦名十錦塘或曰白公所築乃防海大堤在錢塘門外此為白沙堤稱白公堤者誤也

西泠橋　在孤山西即古之西村喚渡處亦稱西村橋一名西陵橋亦曰西林橋

西泠印社志稿卷一　一

《西泠印社志稿》书影之三

之意，實願斯樓永不廢墮於天壤，則吾曹會合之盛、經營之勞，亦可永永於無窮。此志不渝，敢告山靈。

閑泉記

張鈞衡

杭之與潯，相距一衣帶水耳。有宋南渡，弁陽翁（南宋词人周密）主盟騷雅，跌宕湖山，有西湖十景詞膾炙人口。自茲以遂，笠屐尋幽之侶，自蘋風茗月中來，輒欲得一邱一壑，寄託其遐抱。蓋六橋三竺之間，山水清遠，情之所契，徘徊延佇，俛仰陳迹，慨然而謀興復，有不獲自已者矣。余以辛酉（一九二一）春仲，來遊孤山，山舊有泉，曲園俞先生名之曰文泉。泉之陽，林樾陰翳，春夏苦濕，宜疏鑿鬯（畅）通之。考咸淳（宋年号）《臨安志》，瑪瑙坡有閑泉，圓禪師詩「閑泉澄極頂」是也。文泉迤東，直孤山絕頂，以其地考之，閑泉宜在是。比歲（近年）地潤，泉脈使然，泉將復之朕兆也。迺（乃）撰日鳩（鸠）工，畚石揭土，因勢利導，取之逢源，汩汩然來矣。引為一渠，與文泉合。泉之始達，沈鬱為之爽塏（音凯）（干燥），因知昔賢建設之精意，雖一泉一石，亦度地制宜，匪特遊觀之美云爾。孤山故宜梅，泉尤宜梅，疏影橫斜，千古絕唱。宋紹興時，構涼堂植梅數百株，號「西湖極奇處」，

西泠印社志稿卷四　　一四

《西泠印社志稿》书影之四

韩登安

难觅第二人。

韩登安是在20世纪40年代至50年代之间，由于西泠印社主持乏人而成为总干事的。当时王禔、叶为铭等因抗战避居上海，社长马衡又远客京师。在杭州西泠印社孤山社址必须有人主持，故有沙孟海先生在《西泠印社八十五周年碑记》中所述："马先生远客京师，韩登安先生以总干事处理日常社务。"在抗战结束后的几年战争之时，韩登安竭尽全力，在1947年补行西泠印社四十周年纪念活动之时出了大力。此后又是新中国成立，一段时间内西泠印社被禁止活动，处于停顿状态，直到1956年至1957年，才又恢复西泠印社活动，而改由政府直接领导。当时成立筹委会共有成员7人，张宗祥、潘天寿、沙孟海、陈伯衡、阮性山、诸乐三、韩登安，又以韩氏充秘书之职，具体主持印社日常事务。正是在他的努力下，西泠印社才会在1963年的六十周年大庆之际重新展现出煌煌大社气象，从而真正为篆刻史做出了存亡继绝的历史性贡献。那么，我们可以为韩登安的社史经历作一概括：作为一名老社员，他是"受命于危难之际"，在抗战后期和新中国成立初期这两个印社正处于停顿、形同虚设甚至面临解散或自然消亡的关键时刻，以天下为己任，凭着一己的努力，广泛联络同道，争取社会各方支持，奔走呼号，尽心尽责，这才保住了西泠印社的一脉香火。从而使西泠印社再次走出困境，走向一个蓬勃的未来。而韩登安自己也在这一时期积极恢复印泥制作生产，又专心刻成《西泠印社胜迹留痕》印谱，这部印谱以“志地”而足以与高式熊镌刻的《西泠印社同人印传》的“志人”相辉映，从而成为西泠印社中期在篆刻创作方面的“双璧”。

此外，在当时的杭州“群体”中，除政府派出的领导干部如王树勋等作用很大之外，沙孟海则是以学术形象介入西泠印社：几次大活动都指定他担任主讲，著《印学形成的几个阶段》，撰述《印学史》，在吴昌硕印章捐献西泠印社时重点谈吴昌硕的篆刻艺术，社庆六十周年时承担“篆刻艺术的源流及其发展”的报告。而阮性山在联络各处，动员向西泠印社捐献文物书画、丰富社藏方面，具有不可替代的作用[1]。根据现存资料，在韩登安这个“群体”中，无论涉及印泥生产、筹备社庆、恢复景观，甚至发展新社员，还是争取领导支持、递交各种申请报告诸方面，一定会有几个人的身影：除韩登安以外，还有沙孟海、阮性山、诸乐三、朱醉竹等，他们皆是此中的核心人物。相比之下，张宗祥、潘天寿等要么是德高望重的老辈，要么是身居要职，虽有兴致却无暇分身，相比之下，还是这个工作班子更为实务且有具体的工作成效。

讨论完方氏三兄弟、上海群体与杭州群体之后，我们还想提出一个于西泠印社后50年至关重要的人物——他并不是社长、理事，甚至也不以篆刻开宗立派，与印社的社长、创始四君子们也没有个人的渊源。但正是这位社员，对西泠印社恢复活动之后的六十周年大庆直到今天的印社建设，都起到了不可替代的、最至关紧要的大作用。这位社员，就是张鲁庵。

穷毕生精力，这位杭州“张同泰”药行、益元参行名号的贵公子只钻研印学，除了自己亦攻铁笔，有印谱传世之外，他以个人之力收聚购集的古印谱达460多种，所收藏的古印章也有1500余方。其中传世最珍贵的海内孤本印谱，即不下十数种。在他暮年时即有将印谱捐献国家之愿，经过西泠印社长老曹漫之等的多方协调，这批印谱与古印终于在1962年由上海送至杭州，入藏西泠印社。由张鲁庵遗孀叶宝琴遵其遗愿捐献印社的，共计秦汉铜印305方，名家印作1220方，印谱433种2000余册，

（1）关于阮性山对20世纪50年代印社的贡献，可参见《西泠印社九十年》中王树勋撰《金石书画自有情——六十年代初期社友捐助文物漫忆》所述，见西泠印社：《西泠印社九十年》，西泠印社出版社，1993年，第152页。

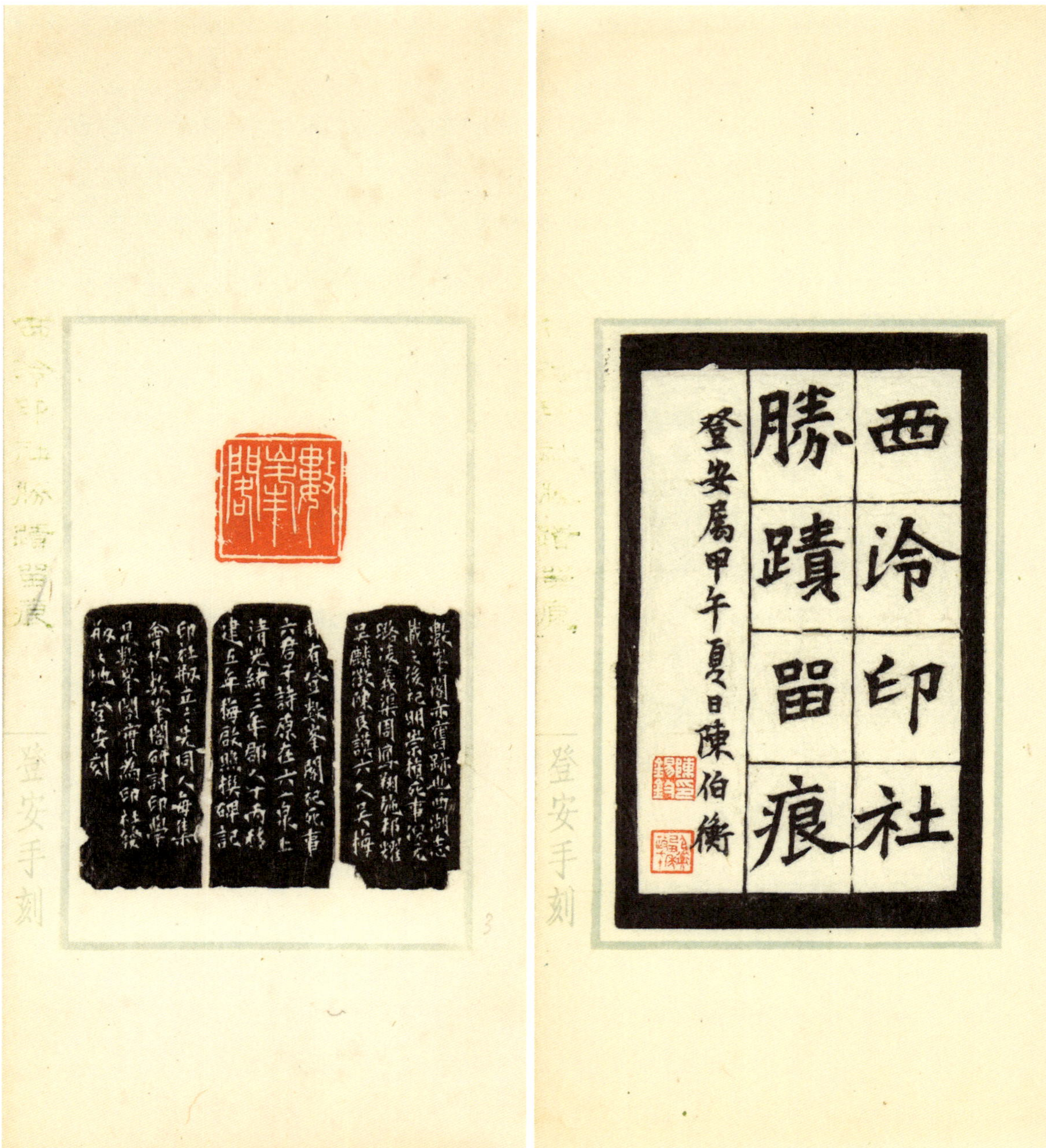

《西泠印社胜迹留痕》

韩登安　西泠印社

韩登安　石交亭

韩登安　仰贤亭

韩登安　渐入佳境

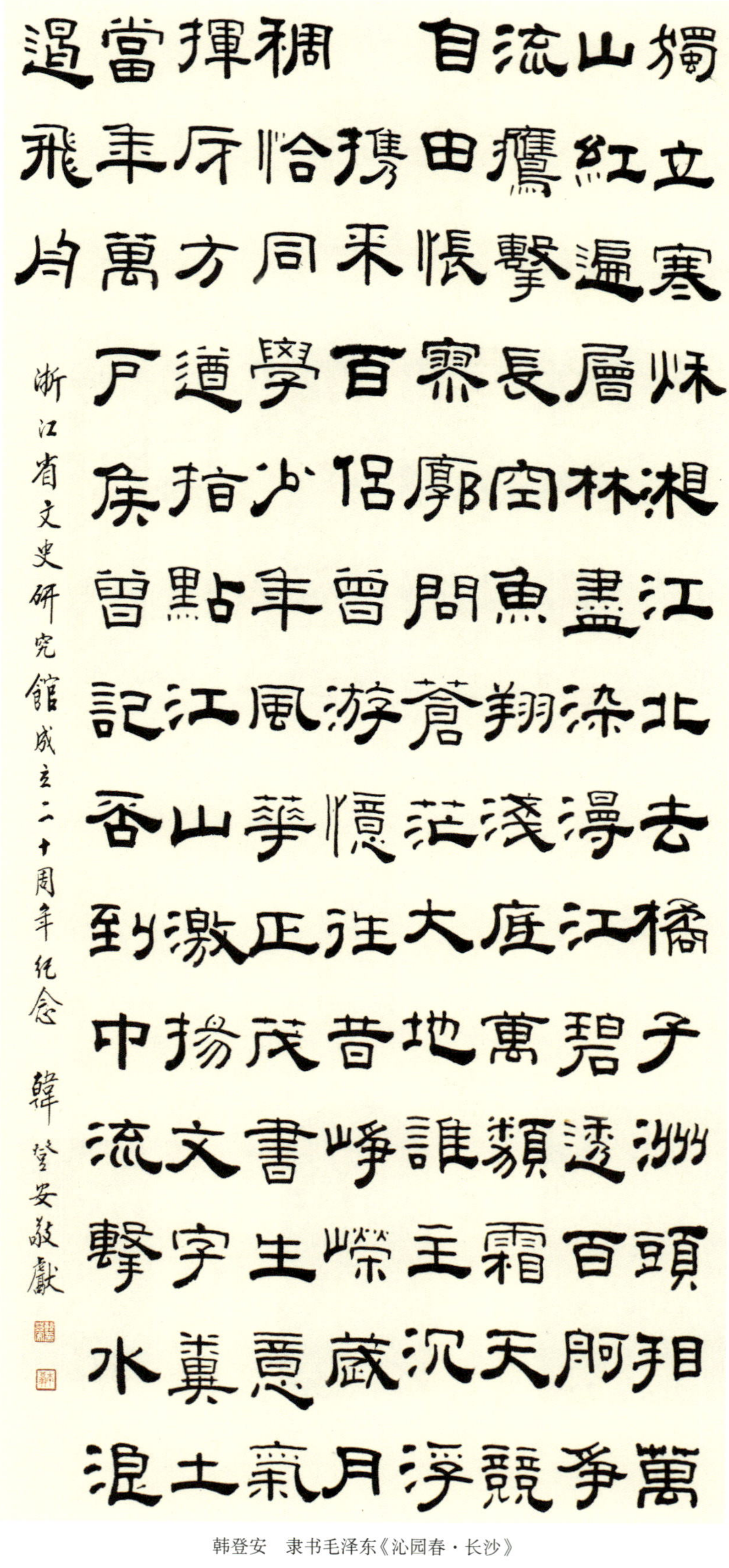

韩登安　隶书毛泽东《沁园春·长沙》

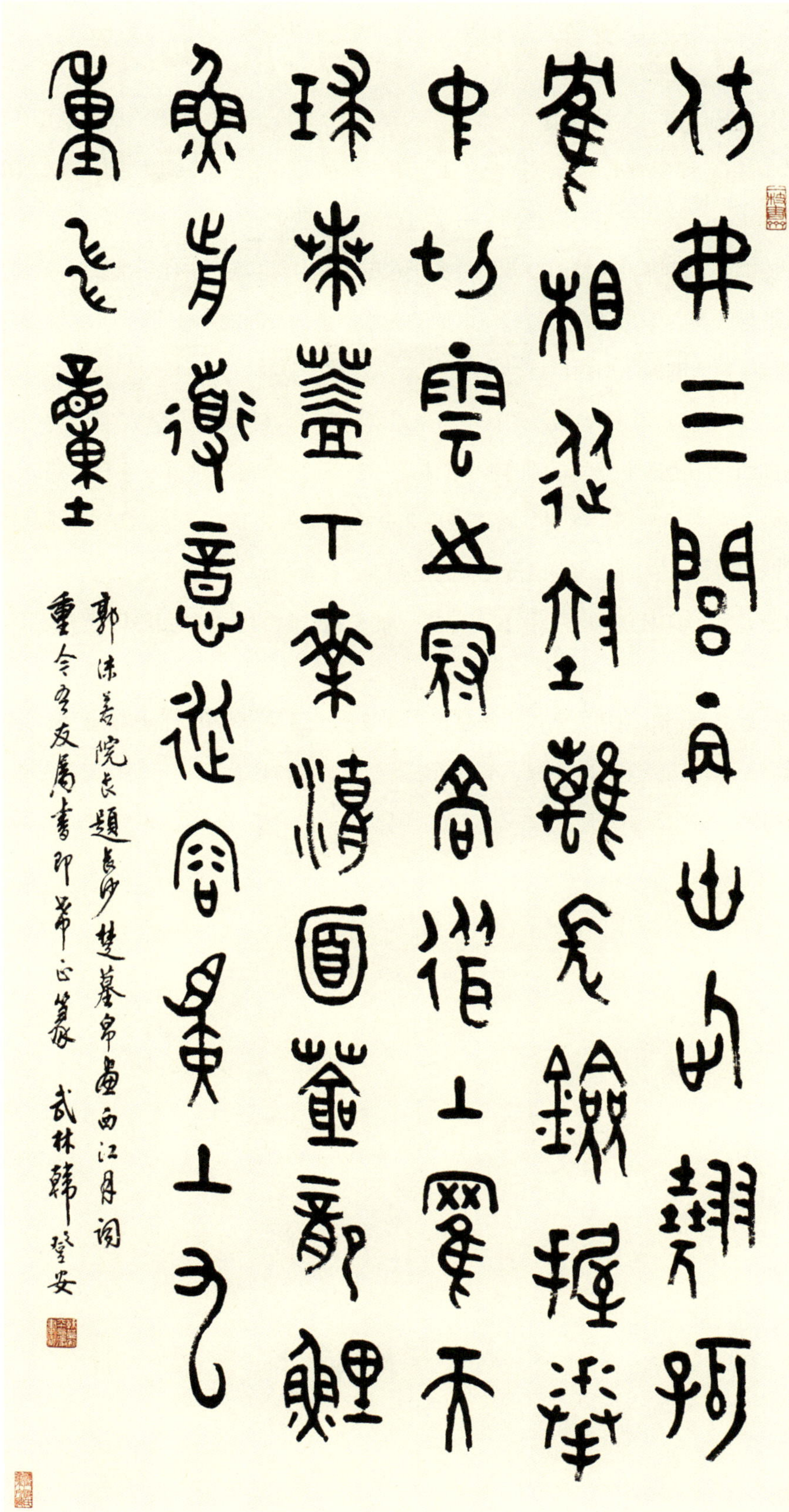

韩登安　篆书郭沫若《西江月》

其中明代精拓印谱与各种孤本、善本等，约有 33 部 200 余册。印谱的捐献事迹在海内外被争相报道，从此，“天下第一名社”西泠印社又多了一个标志性的纪录：印谱收藏天下第一。我们完全可以想到：一个有着风景秀雅的孤山社址，有着一批海内外堪称一流的名家大师，有着 100 年的社史记录的印社，如果缺少一流的收藏，该是多么令人遗憾的事。但是现在，张鲁庵以他的无私捐献，及时地填补了这一缺项，这又是一种何等伟大的情怀与壮举！

眼见得在政府领导下，西泠印社从萧条走向辉煌，大有希望。在此之前，吴东迈、王个簃向西泠印社捐献了吴昌硕的画 41 件、书法 35 件、篆刻 32 件、手写诗稿 2 本、手刻端砚 1 件、生前用物 48 件、诗集版片 279 块，作为对 1957 年成立的孤山吴昌硕纪念室的支持。一时间，社中诸贤无不奔走相告，各种捐献纷至沓来。

这就是西泠印社的中坚力量！有这样一批无私奉献的社员，西泠印社无往而不胜！

同样地，有一批领袖级名人出任社长，有像创社四君子的精诚合作的业绩，还有一批默默无闻埋头苦干不求酬报、不求闻达的社员，西泠印社 100 年的社史是怎么被谱写至今的，其中缘由不已经是一清二楚了吗？

第五章　西泠印社与近现代文化名人

与社长、创社人和中坚人物对西泠印社的大贡献相比，还有许多热心之士的作用，在西泠印社史研究中也不可忽视——如果说领袖级大师与中坚力量的努力，是从篆刻艺术内容或西泠印社内部着手的话，那么许多文化名人、政府官员等的热心襄赞、极力推助，则不妨看作是来自西泠印社社外的提携与声援。一个西泠印社的存在不是孤立的，它是有篆刻界与文化界的支持作为支撑的。而篆刻史本身也还不是孤立的，它又是由整个社会结构（包括政治、经济、文化各界）来加以支持与定位的。看不到西泠印社史 100 年历程中来自社外、篆刻界之外的支持与声援，我们就不能说是具有真正的历史观念与历史视角的。一部西泠印社史，不应该少却这些文化名人、社会贤达的名字。

第一节　西泠印社史中的学术名流

与篆刻作为艺术的学科定位相比，“学术”主要是指非艺术创作的那些内容。比如古文字、古文献、金石学、古器物学、历史学等。通常而言，与篆刻艺术创作紧密相连的篆刻艺术或印学理论，当然也不应该被主要包括在我们这个“学术”之内，而最多不过是点缀而已。

据此看来，则西泠印社第二任社长马衡，本来即是学术中人。他除了有《凡将斋印谱》《锱庐印稿》以示篆刻家的身份之外，更多的业绩却是地道的学术内容。撰《中国金石学概要》，任北京大学研究所国学门考古研究室主任主讲金石学，对汉魏石经用功最深，于石鼓文、度量衡、铜器研究均有新发现，又从汉代简牍上溯古典书籍形制而撰有《中国书籍制度变迁之研究》。此外，还为抢救清代大内档案，将其收入北大研究所国学门出力独多，在任职北大时还兼图书部主任，古迹古物调查会（后又改名考古学会）会长，其后进入故宫博物院先任古物陈列馆馆长，1932 年又任故宫博物院院长……所有这些工作，都是一个艺术家所不能胜任的。作为一个学者，马衡所拥有的形象，远胜于作为一个艺术家的形象。即使是在谈篆刻时，马衡也仍然不失一个纯正学者的风范，比如他在《说文月刊》（1944）上发表《谈刻印》一文时，即明确指出："余尝闻之人曰：'某人善刻印，今之金石家也。'一般人以为刻印即是研究金石。其实'金石'二字岂是一支铁笔（刻字刀）与几方印石之谓？依此解释，未免浅视金石学矣。"在讨论篆刻时却如此地扬金石学之学问而抑刻印之技艺，显见得骨子里有一个学者意识在发挥强烈作用。拥有像这样的学术眼光，再来担任西泠印社社长，我以为不但不会导致篆刻创作价值的被忽视，相反还会极大地提升篆刻艺术应有的品质并予它以一个恰当的定位，这就是学者的功用。

黄宾虹

张宗祥当然也是此中的佼佼者。精于典籍版本目录校勘之学，又为文澜阁四库全书的增补抄存使之“完璧”立下汗马功劳，又担任京师图书馆馆长、浙江图书馆馆长，作为一个学界名流，他的书法篆刻只是一种“余技”而已。这样的定位当然使张宗祥更贴近于学界本色而不同于一般的篆刻艺术家。那么相对而言他更近于马衡而不是吴昌硕。

在西泠印社百年史的前半期，印社社员中能以学者称之的，如黄宾虹、经亨颐、陈伯衡、葛书徵、马一浮、邵裴子等，皆各展所长，以学术立身，于印社的社会影响与地位的建立功莫大焉。

黄宾虹在现在，是被当作伟大的画家来对待的。但在20世纪30年代至40年代之时，他的山水画并不被时风认可，而他主编《美术丛书》三集共数百卷，撰写《古画微》等理论著作，甚至自己编印《宾虹草堂藏古玺印》等书，却是被时贤反复称颂的。其中，尤以志在反清发起并参加“南社”，在《上海时报》、神州国光社、商务印书馆、有正书局编印《国粹学报》《神州大观》等文献，执教上海美专、新华艺专、昌明艺专、

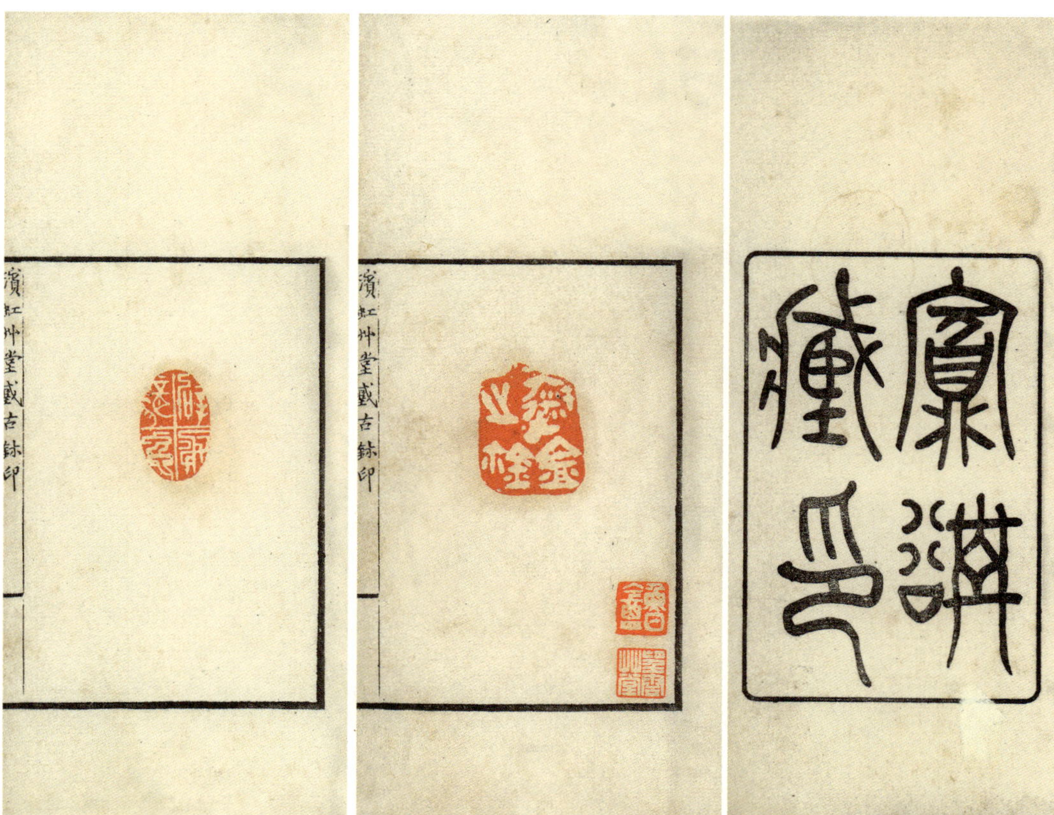

《宾虹草堂藏古玺印》

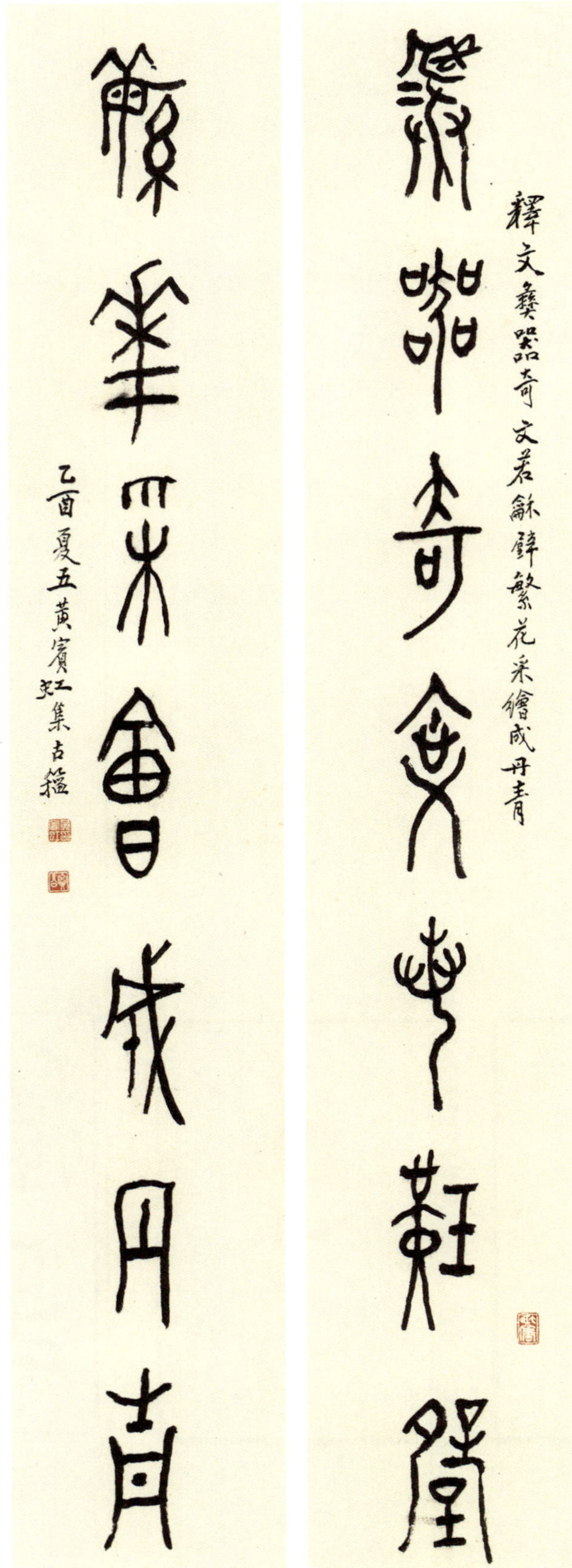

黄宾虹 《彝器繁花七言联》

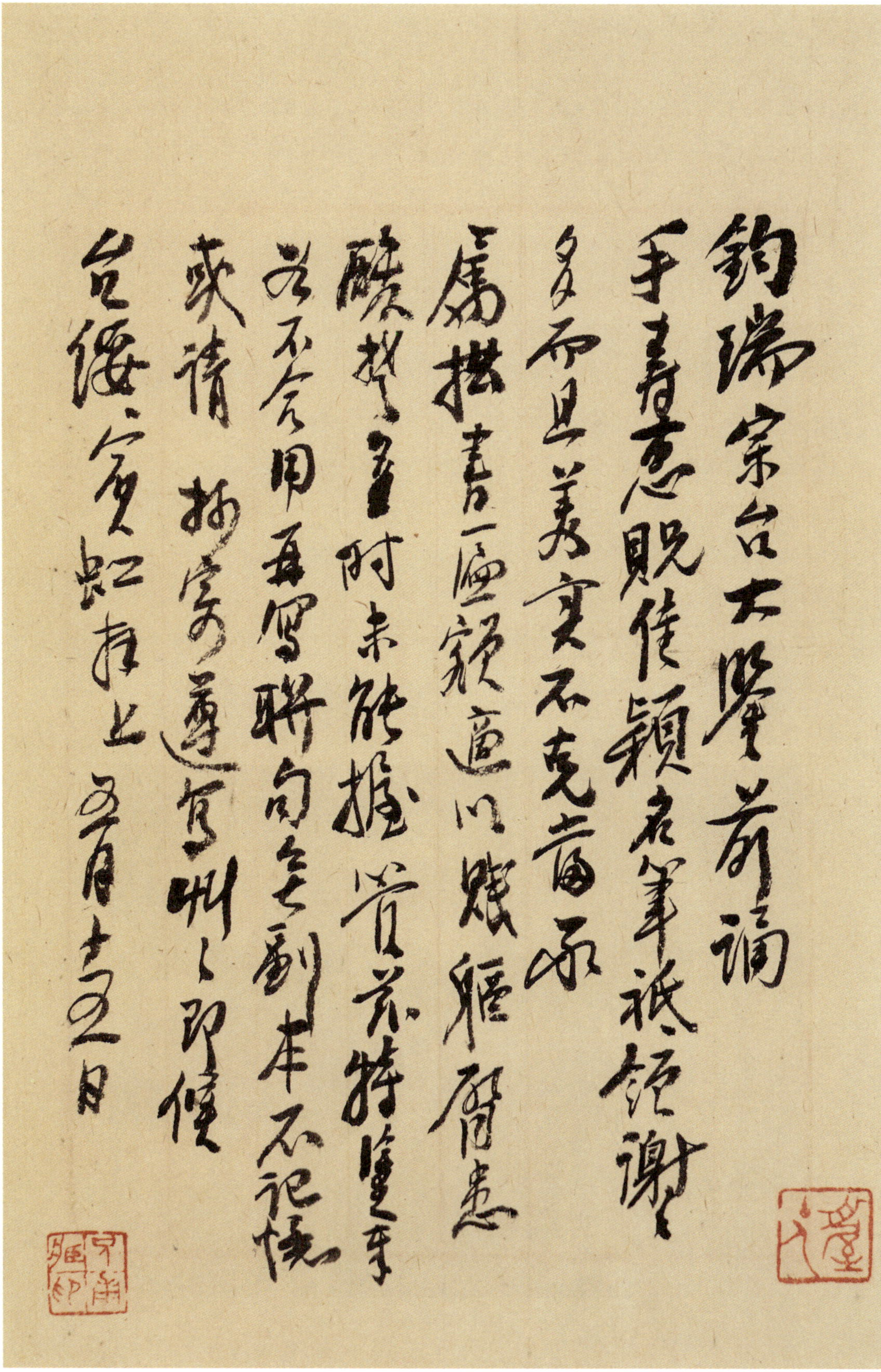

黄宾虹　信札

北平艺专、国立艺专等最为人所称道，所有这些因素综合起来，才是一个学术功底深湛的作为文人士子的黄宾虹。在西泠印社中，黄宾虹应该是一个于古玺印有深厚研究，但同时又具有深广的学术交往的一代学界、艺界名流。这与单纯的以篆刻为专业的社员相比，是有着明显区别的——在四君子看来：他还是“槛外人”，但却是有分量的、受人尊重的“槛外人”。

经亨颐亦是“南社”社员，早岁即能治印，参加西泠印社也很早。但他的主要成就是在教育。留日回国后即为浙江两级师范学堂教务长，又兼任校长并任浙江省教育会会长，再赴国民政府任教育行政委员，代理中山大学校长。但这些后兼的学校教职都不足以概括经氏的教育成就。他的行踪中最为关键的，一是任浙江两级师范的教务长与校长，因为正是在这一期间，浙江聚集了李叔同、夏丏尊、陈望道、马叙伦、姜丹书等教师，又培养出了，如陈建功、潘天寿、丰子恺等优秀人才。二是创办上虞春晖中学，更是聚集了一大批名师，如朱自清、朱光潜、刘薰宇、夏丏尊、丰子恺等，成为当时文化人聚集的名校。以至于当时有北“南开”、南“春晖”的社会声誉。由是，作为民国初年由政治家转为教育家的一个典范，经亨颐是近代教育史上一个十分重要

左起：经亨颐、黄宾虹、张善孖、王一亭

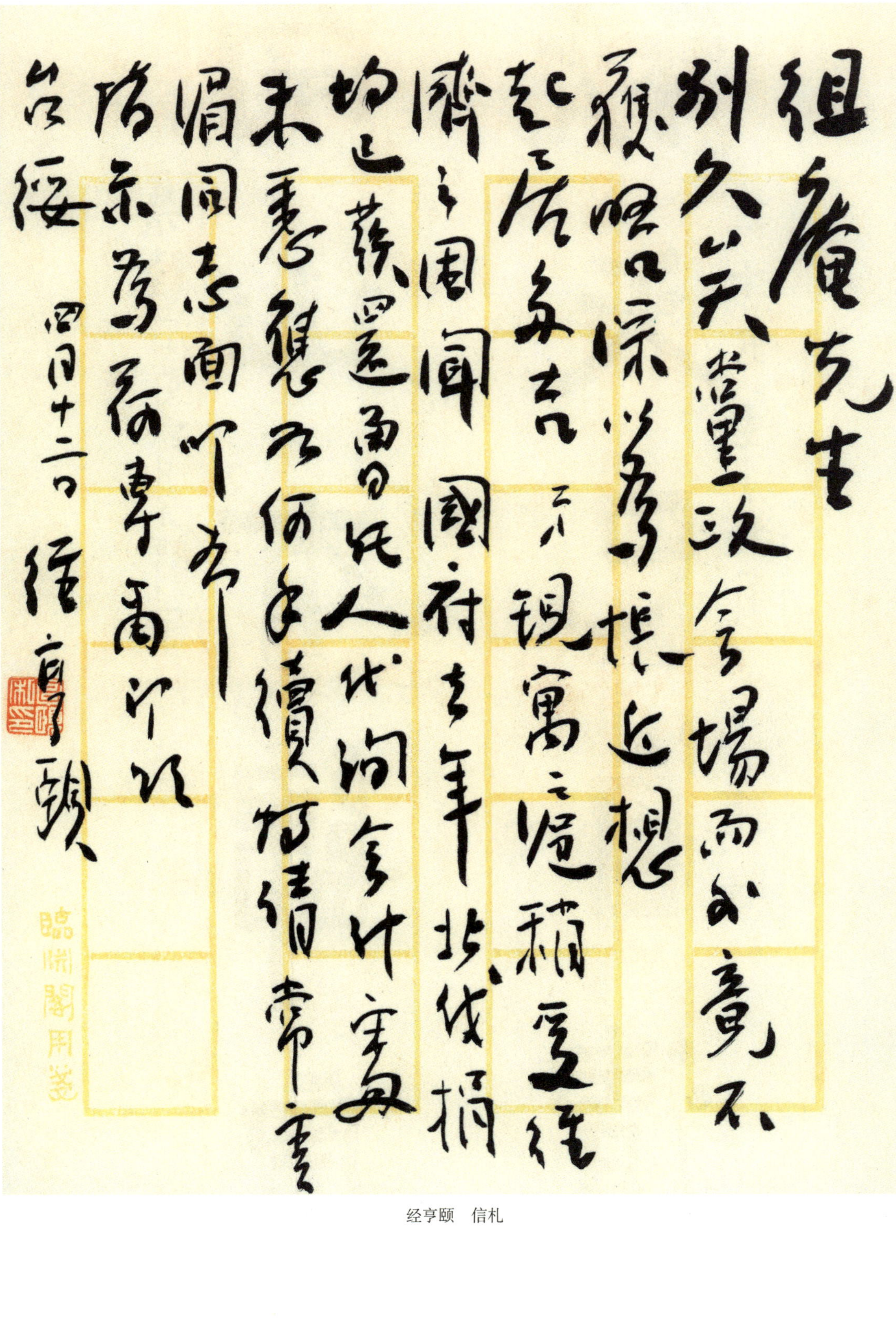

经亨颐　信札

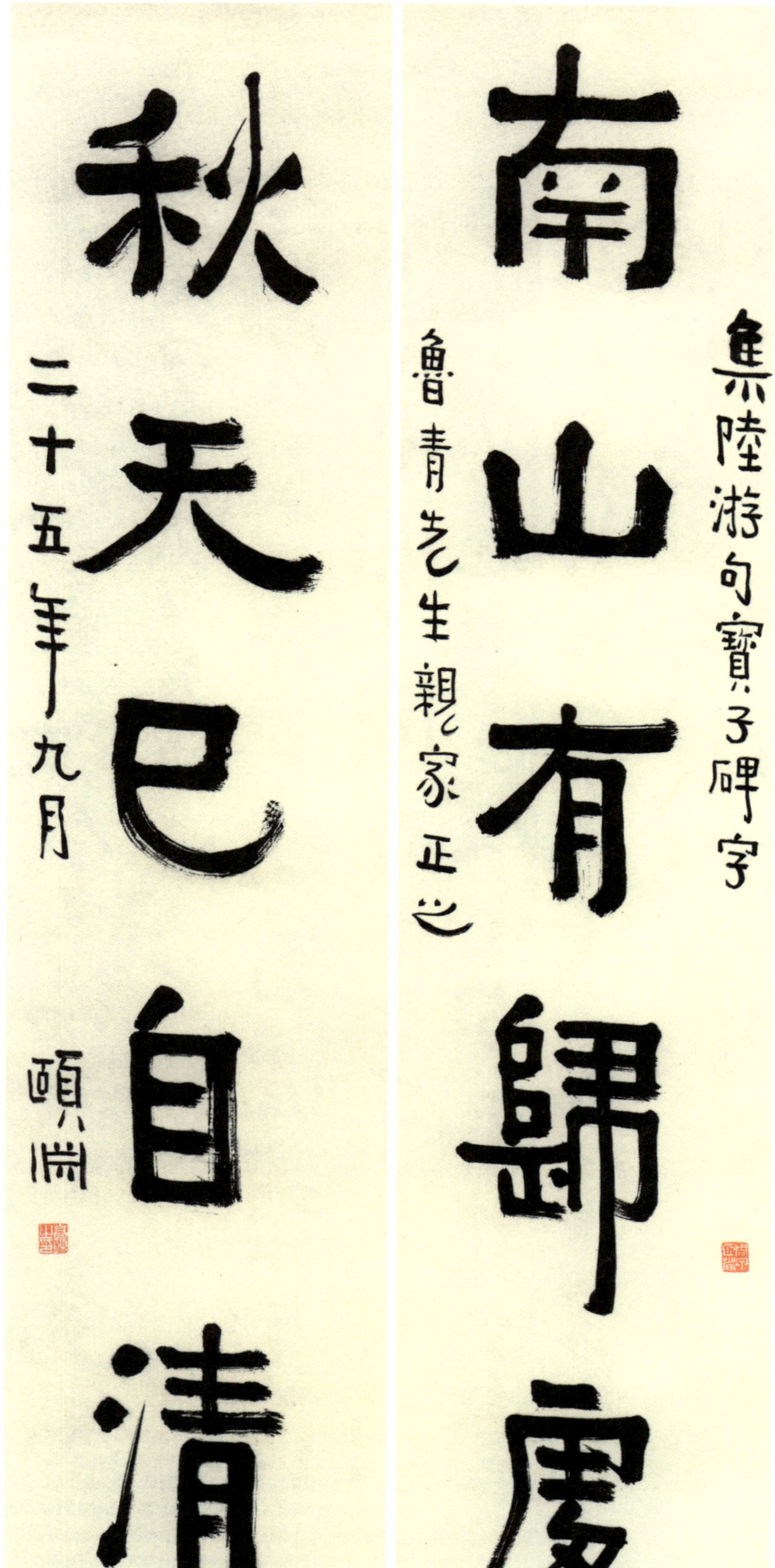

经亨颐　隶书《南山秋天五言联》

的人物。

陈伯衡在新中国成立后的西泠印社恢复活动与六十周年大庆筹备委员会中有记载，但过去对他的生平经历一直语焉不详。在清末到民国时期，他是官场文牍方面的专门高手，曾任西湖博物馆历史文化专员、浙江省通志馆通纂、浙江省文管会委员。他的学术，主要集中在金石学特别是碑版之学方面。有《历代篆书石刻目录》《枫树山房帖目补编》《金石述闻》《两浙碑碣志》《石墨楼金石见闻录》等，而其功力最深的，则是碑版拓本"黑老虎"方面的造诣，可称得上是两浙地面上首屈一指的人物。而对地域文献中记载的摩崖书迹，屡以地方志乘及笔记等先做印证，再亲临考察，每有新的心得，而不同于一般耳食之徒。民国时余绍宋编《东南日报》副刊《金石书画》，依靠陈伯衡的支持，每期皆刊发他的"石墨楼藏拓"，连载数月仍不消歇，曾被传为艺林佳话。故而陈伯衡很早即加入西泠印社，在20世纪50年代他出任西泠印社筹委会委员，想来应该也是基于这个金石碑版之学而不会是篆刻艺术创作或印学研究——它是学术的、而不是艺术的。

葛书徵是平湖世家，祖传"传朴堂藏书"家业，内分"守先阁藏书楼"与"爱日吟庐书画楼"两部分。后日益增扩规模，藏书达到40万卷，其中宋版书，孤本善本

葛书徵

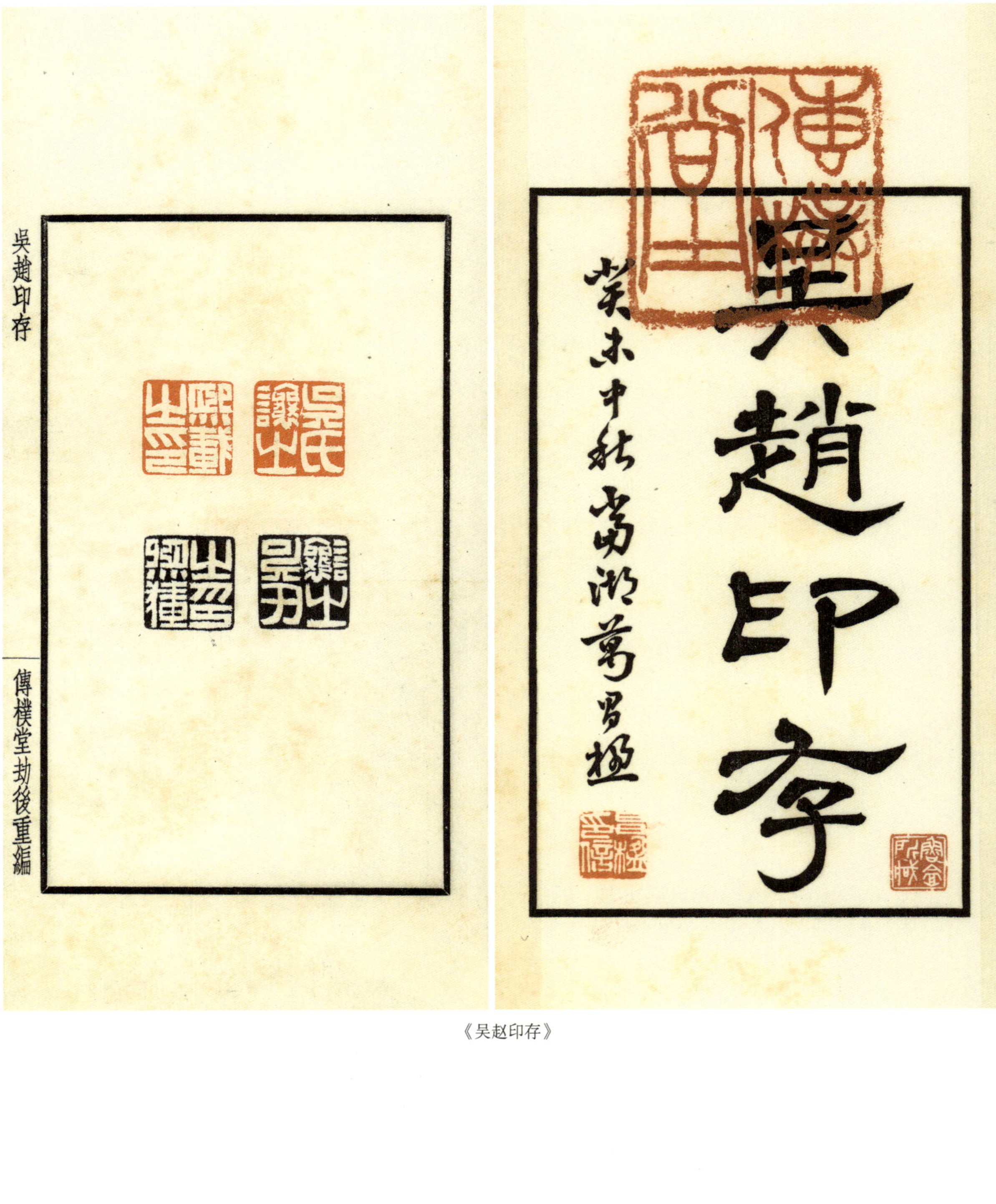

《吴赵印存》

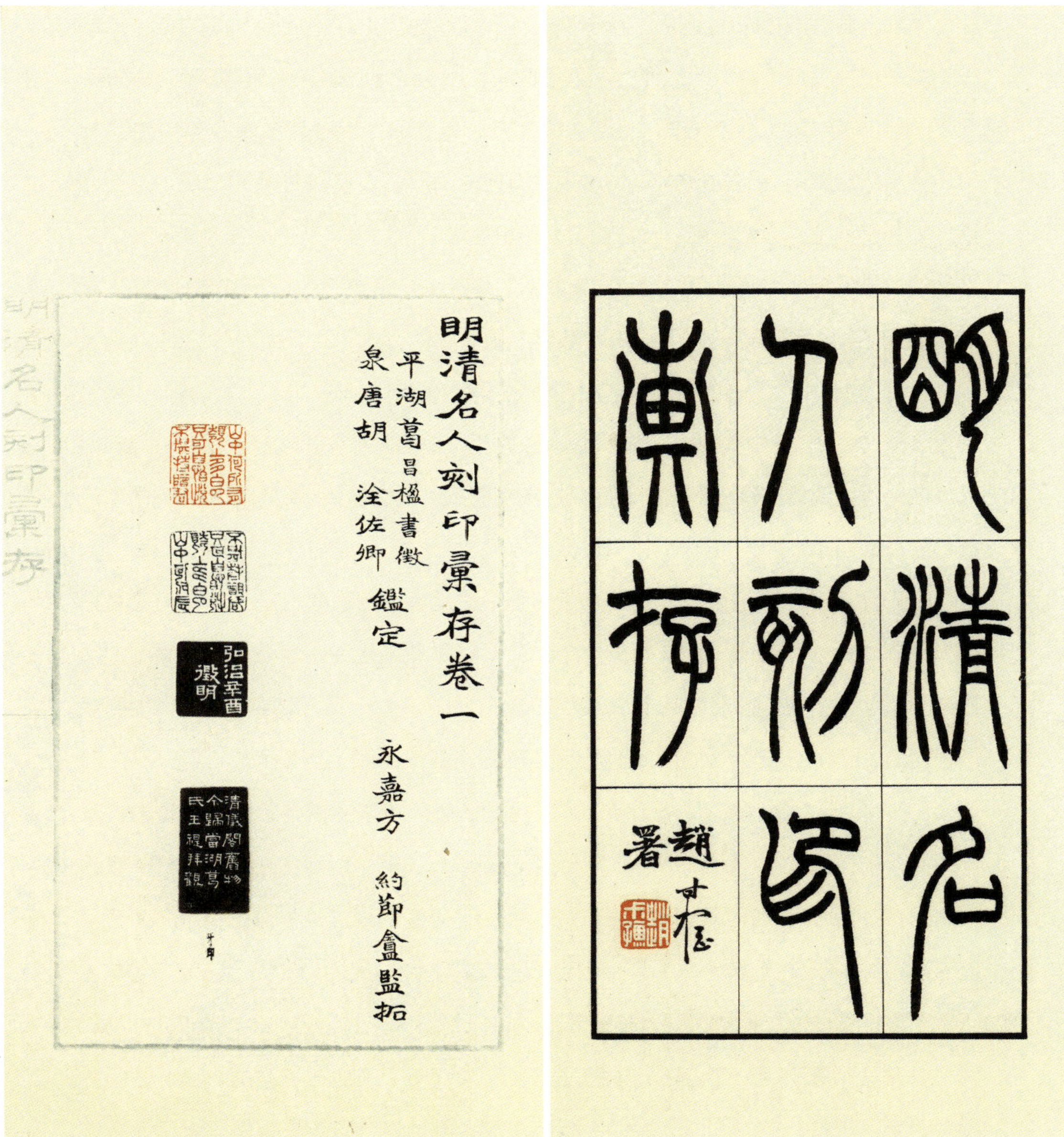

《明清名人刻印汇存》

书籍约有4000多种，其父与商务印书馆张元济为儿女亲家，故商务印书馆刻印之书，每取“传朴堂藏书”为之，于此可见平湖葛氏的威名。至于其藏书画，由名画家陆廉夫整理编目，亦有两种目录传世。有这样的典籍与书画收藏，至于印章收藏自然也是一个大项。葛书徵在印章收藏方面的规模，可以以他所辑的六种原钤印谱为证。1925年辑成《传朴堂藏印菁华》12册，后又辑成吴让之、赵之谦所刻的《吴赵印存》10册，1939年又与丁辅之、高络园、俞序文等合辑成著名的《丁丑劫余印存》20卷，计273家1900方印，后在1944年又与胡淦辑成《明清名人刻印汇存》12卷，这些印谱均为选印精工、钤拓精良、装订精美的传世名谱，作为一个西泠印社早期社员，葛书徵的典籍收藏、书画收藏特别是印章收藏，堪称无与伦比——与吴隐等出版印谱是借印编谱不同，葛书徵的印谱均出家藏而无重复之例，这一点是尤为珍贵的。20世纪60年代初，年已老迈的葛书徵还向西泠印社捐出明清名家刻印43方，其后，葛氏夫人又将“传朴堂”所藏吴昌硕刻田黄印数方再次捐献印社，表现出一个老社员的崇高风范。考虑到葛氏自己不擅刻印而只是集拓印章，我们也将之归为广义上的学术范围中一并论列。

马一浮是一代国学大师，在西泠诸学子中鹤立鸡群，称得上是一位真正意义上的大学者。马一浮精研佛理、淹贯典籍，又寓居西湖广化寺，专事攻读文澜阁《四库全书》，此外，马一浮又曾赴上海习英文法文，与谢无量、马君武共办《翻译世界》，再赴美国、日本、德国，大量攻读西方名哲的经典著作，还自学拉丁文、西班牙文等，成为一个博通七国文字、又精于各国哲学历史的超一流学界泰斗，梁启超誉为“千年国粹，一代儒宗”，沙孟海推为“现代中国硕果仅存的一位博古通今、学贯中西的大儒”。传世著作，有《泰和会语》《宜山会语》《复性书院讲录》《濠上杂注》《老子道德经注》《蠲戏斋佛学论著》等，且以六艺（《诗》《书》《礼》《易》《乐》《春秋》）、四学（玄、义、禅、理）自许。其所涉范围，已是宏大无比，一般人断然无法企及，倘再要论其深邃洞明，则更是超乎侪辈，从而成就一个盖世无双的马一浮。马氏在民国时期隐于市，新中国成立后任上海市文管会委员、全国政协委员、浙江省文史研究馆馆长。在西泠印社，则交往契厚者为李叔同与丰子恺。而在西泠印社于20世纪50年代恢复活动、筹备印社六十大庆之时，在张宗祥、韩登安、阮性山、沙孟海讨论事宜时，也时时可窥马一浮热心参与的身影——这是一个学富五车的身影，是

1947年，西泠印社40周年雅集；左起：夏承焘、方介堪、马一浮、马公愚、吴振平

西泠印社亟须的一种特殊的身影。

邵裴子作为西泠印社老社员，外界知之不多。其实他早即中举，又公费赴美国斯坦福大学深造，毕业回国后任浙江高等学堂教习、教务长、校长，国立第三中山大学筹备委员，浙江大学文理学院院长，浙江大学副校长、校长，浙江文物管理委员会主任，浙江省文史馆副馆长。在浙江教育史上，他是以创办浙江大学而被载入史册的。作为教育界的元老，他又有藏书与藏印的爱好。藏书宏富，后捐献给了浙江师范学院即杭州大学前身，而藏印则全部由后人捐献浙江省博物馆。新中国成立后，邵裴子以地方文化领袖的名分参加西泠印社活动，以其声望崇高，而为印社贡献甚多，特别是在印社于20世纪50年代恢复活动到20世纪60年代举行社庆期间，协调省市领导与西泠印社的关系，求得社会各界的支持等方面，有过十分重要的作用与影响。故在西泠印社恢复活动之初，以张宗祥、马一浮、邵裴子合称“湖上三老”，是以他们为年长的一辈，而以韩登安、阮性山与沙孟海、诸乐三为较后的一辈的。

印社六十大庆以后直到20世纪末的40多年之中，学术界的名流大师仍然不断加盟印社，使西泠印社的学术氛围得以进一步持续与发展。比如罗福颐、谢稚柳、商承祚、徐无闻、顾廷龙、郭绍虞、陈从周等已故社员，皆在学术界有着鲜明的学术形象与专攻

马一浮　隶书《是药上工九言联》

马一浮　行书《庄周语》

范围。如罗福颐在印谱学与古玺印学方面、谢稚柳在书画鉴定与书画史方面、商承祚在古文字学方面、徐无闻在春秋战国文字方面、顾廷龙在典籍与图书馆学与目录版本之学方面、郭绍虞在古典文学批评史与诗话词话研究方面、陈从周在古代园林建筑方面，无不是顶尖的学术领袖、一代权威。他们活跃于西泠印社的身影，与社长中如马衡、张宗祥、沙孟海、赵朴初及启功先生等相呼应，使西泠印社拥有了一个学术的铜墙铁壁。可以说，只要学术不倒，西泠印社作为“天下第一社”在历史上就不会倒。

在西泠印社的百年史中，还有一些学界名流，未正式加入西泠印社成为社员，但却由于各种关系而与西泠印社有过联络或往还。据社史记载：早期西泠印社史中，有王国维、鲁迅、余绍宋、杨守敬、朱孝臧、李瑞清、沈曾植、冯君木等，还有一位外国闻人印度泰戈尔，中后期的学者则有郭沫若等文化界的大师名流。他们的学术活动中都有关于西泠印社的记载，对我们而言，是难得的珍贵史料，兹分别论述之。

首先是王国维。王氏为一代学术泰斗，近代新史学的开山鼻祖。王国维曾在寓居上海时到过西泠印社，是近代学人中较早关注西泠印社者。他与印社的缘分，大约应该与他置身于上海文人墨客圈有关系。他还为西泠印社留下过二首诗，是为陈豪（止庵）所作《西泠印社图》作题：

一

踏弩飞云事事新，行都社事记纷纶。

如今百技都消歇，管领湖上属印人。

二

把臂龙泓共入林，缶翁图像写倭金。

何由更复吾邱魄，湖水西泠深复深。

估计应该是在沪上或杭州期间，应友人约为此图作题。在当时，许多并不专攻篆刻的大学者们，都因此而留下了咏西泠印社的篇章。比如李瑞清题“遁庐”，沈曾植作《缶翁像赞》，朱孝臧作《〈西泠印社图〉咏》，冯君木作《与诸子会饮西泠印社》等，皆属此类。兹各引诗句如下：

李瑞清题“遁庐”：

天地有正气，山水函清晖。

集文信国、谢康乐句，戊午十一月清道人。

沈曾植作《缶庐像赞》：

缶庐之画，发挥其诗，诗度他方，

未绣弓衣，画合天倪，云垂涛泻，

安吉一灯，分光日下，怀铅和墨，

人人家家，不会翁诗，践尔乃差。

晧晧金容，我来自东，苦铁为铜，

铅泪在胸，攻金朝仓，筑亭王震，

注视翘勤，礼翁若圣。圣阿弥陀，

邻洞炳然，代身阳迈，长侍佛前。

朱孝臧也有咏《西泠印社图》：

微闻汉印关兵象，心尽雕龙老斫轮。

留得西泠干净土，家风梦篆有斯人。

冯幵到过杭州西泠印社孤山社址。他有两首纪实诗，颇具史料价值：

与李霞城（镜第）、赵芝室（家荪）、陈玄婴、叶叔眉（秉良）、胡君诲（良箴）、何秋茶、家仲肩（堪）、王幼度（积之）会饮湖上西泠印社，林亭水石，布置绝胜。赋诗记之。

五步林亭十步楼，真堪袵席作遨游。

婵嫣佳境心能造，离合山光目与谋。

弹指空中思往日，题名石上贺兹邱。
习池会饮都非偶，潦倒清尊惜白头。

湖上杂诗，孤山瞻吴缶庐遗像。
良金范象孤山陲，手掬寒泉一荐之。
忽忆小楼灯皎皎，茗瓯清对夜阑时。

杨守敬也是一代学宗，他在上海与吴隐有交往，还为陈豪的《西泠印社图》作跋：

山阴吴石潜精篆刻，……尝以其秦汉印选及《西泠八家印谱》赠我，知其与杭州丁辅之结社有年。又出其《西泠印社图》属题，亦余旧友陈君兰洲笔也。余刻日归鄂，不及作诗文，倚装书此志之，宣统元年五月十一，杨守敬。

之所以不厌其烦详引这些诗文，首先当然是基于作者的身份：王国维是近代史学大师，在甲骨文、上古史研究方面，独步百年，后无来者，而于哲学、美学、词学、中国戏曲史、文字学等，都有开创性的建树。李瑞清曾为两江师范学堂总督，是创办新教育的开风气者，又以遗老身份在上海以书法名家。沈曾植为清季大儒，在西北史地、音韵训诂、佛道医、古代刑律、版本目录之学及乐律之学皆有一代宗师之称。冯君木（开）是沙孟海的老师，一手汉魏风格的古文享誉沪渎，1925 年任上海修能学社社长，诗文皆为时所称。至于杨守敬，更是于北碑书风极有钻研，在日本掀起北碑旋风，被称为“日本书道近代化之父”。而其所编《古逸丛书》，撰《日本访书志》，皆是于古籍目录版本、金石考据舆地之学极有贡献的著作。朱孝臧则为一代词宗，其《彊村丛书》和精湛的词学研究，包括整理词籍与创作词篇，都是词学界的泰山北斗。有这样的一个学术群体在关注着西泠印社，当然是印社介入学术界的重要标志。

其次，关注这些诗文的理由，还在于它们本身牵涉的内容。比如李瑞清、沈曾植、王国维、朱孝臧、杨守敬，个人的题诗反映出不同的角度——朱孝臧与冯君木是契交，而沈曾植、李瑞清则是与吴昌硕的私人关系。冯君木又与吴昌硕交友甚密，正是他介绍年轻的沙孟海投师吴氏门下的。至于杨守敬，与沪上的文人集团有些往来但不密切，故而稍稍隔了一层，反倒是由吴隐而了解西泠印社。此外，大抵对西泠印社的题录，是对陈豪《西泠印社图》而作的题咏。陈氏为杭州人，是应丁仁之约画成此图的，时年 68 岁。画时正逢印社初创两年之后。《西泠印社图》后并有金蓉镜、胡玃、吴昌硕、程兼善、金鉴、盛庆蕃、张祖翼、金尔珍、高保康、章澍等题咏。有如高时丰（存道）所言，“印社会集很多，不胜枚举，均有记录，当以此卷为最先”。那么，把此卷携到上海，请旅居上海的学者大家们一一题咏，应该是十分正常而可行的方法。据史料记载，此图先后由吴隐出面征题，又转手叶为铭，再请名家题咏。其地点应该都在上海——于此可见西泠印社旅沪社员的活动能量。上海有一个从事出版与印泥制作的吴氏“西泠印社”店肆作为联络点，应该也有地理上的方便。

旧式文人士大夫与西泠印社既如上述，那么新文化人的情况如何呢？王国维于诗文是“旧”，但于学术却是“新”。而最典型的“新”是鲁迅。

鲁迅是中国近代文化的“旗手”。他在文学方面堪称大师之外，还非常喜欢美术。曾收集很多汉画像拓片、碑帖、六朝造像与墓志等古代美术史料，还扶持过木刻艺术。因此，他于西泠印社，应该有着先天的亲近感的。关于鲁迅与西泠印社，有两条相关记载：

《鲁迅日记》1928 年条：

> 7 月 13，晴。晨，介石来。上午矛尘来。午，介石邀人往楼外楼午餐。午后同至西泠印社茗谈，傍晚始归寓。在社买得汉画像拓本一枚。《侯愔墓志》拓本一枚。3 元。《贯休画罗汉石刻像》景印本，1 元 4 角。《摹刻雷峰塔砖中经》一卷，4 角……

介石为郑奠，为杭州教师。关于这条日记的记录，亦有其他资料佐证，据署名“川岛”者在《鲁迅先生 1928 年杭州之游》文中记载：

> 1928 年 7 月 12 日晚，鲁迅、许广平自沪抵杭，7 月 17 日离杭返沪。抵杭的第二天即游西泠印社，使人大感意外。

1933年11月，为与郑振铎合编《北平笺谱》，在版页上须加钤编者的名章，他还有一函致郑振铎：

> 名印托刘小姐刻，就够好了。居上海久，眼睛也渐渐市侩化，不辨好坏起来。这里的印人，竟用楷书改成篆体，还说什么汉派浙派，我也就随便刻来应用的。至于印在书上的一方，那是西泠印社中人所刻，比较的好。

除这两段直接关系到西泠印社的记载外，鲁迅还曾为周作人改定过一篇论篆刻的专文《蜕龛印存序》，其中谈到了许多关于篆刻与印章的内容，亦值得在此提及。

西泠印社在前50年中，不但有日本籍社员参加活动，还曾遇到过一位世界级的文豪。1924年10月14日，曾获诺贝尔文学奖的印度诗哲泰戈尔，从上海到杭州小住两天，在此期间，他曾游览西泠印社，并由西泠印社的篆刻家为他治印，当时陪同的还有徐志摩、王统照、瞿世英等。这是西泠印社百年史中很有意义的一个记录。关于具体事项，几方面的回忆记载略有不同。著名印度学者魏风江撰《印度诗人泰戈尔怀念杭州》，发表于《古今谈》1985年第一期，其中提到魏氏于1933年底留学印度，成为泰戈尔的一名学生。泰戈尔几次同魏谈起当年访问杭州、访问西泠印社之事：

> 他是1924年10月14日从上海来杭，逗留两天。在饱览杭州的湖光山色之后，乘兴到西泠印社。陪同前往的有印度国际大学研究院院长沈教授、艺术学院院长波斯教授、美国农学家爱英赫斯，及中国作家徐志摩、瞿世英、王统照等人。泰戈尔说，他记得西泠印社是一个由书画家、篆刻家和诗人组成的团体，其成员都是中国第一流的艺术家。他在社里见到了一幅布局宏伟、笔力雄健的山水画和缜密富丽、栩栩如生的花鸟画。他认为那些都是中国所特有的，即使是不认识字的外国人，也能领会到一直一横的挺拔和矫健。他又提到了中国精美的金石刻印，说这又是中国所特有的艺术品。他说还一直珍藏着西泠印社一位金石艺术家为他刻的两小方石印，上面都

刻着“竺震旦”三个字。[1]

而在另一篇署名刘作奎的《泰戈尔情深意长访中国》的文中，也有相近的记载，但所刻的印却不同[2]：

1924年5月21日，应中国大学者梁启超、蔡元培之邀，泰戈尔率领由国际大学教授、梵文学者沈漠汉、国际大学艺术学院院长、现代孟加拉画派大画家南达拉·波斯等一行6人组成的访华团，乘船离开加尔各答，开始中国之行。

4月12日一大早，徐志摩、瞿菊农、郑振铎等人就汇聚在上海汇山码头恭候泰戈尔一行，上海文学研究会、上海青年会、江苏省教育会以及《时事新报》馆的代表,还有日本驻华的新闻记者,旅沪的印度人也在码头等候。

为了让泰戈尔访问方便，东道主专门指派曾留学英国剑桥大学、深谙英语的徐志摩担任其随行翻译。4月14日，徐志摩、瞿菊农陪同泰戈尔一行前往杭州……4月15日，泰戈尔在杭州灵隐寺演讲，西泠印社的艺术家们向泰戈尔赠送一枚刻有“泰戈尔”三个字的印章，他感动不已……

5月7日是泰戈尔64岁寿诞。中国学术界的朋友聚集在北京东单三条协和礼堂为之庆祝。由胡适主持。胡以大会主席的身份赠给泰戈尔十几幅中国名画和一件名贵瓷器……接着梁启超致贺词，他在祝福泰戈尔生日后，对中国历史和中印关系做了简短的评述，然后说：“今天我们所敬爱的天竺（古代印度的称呼）诗人在他所爱的震旦（从前印度对中国的称呼）过他的64岁生日，我用极诚恳、极喜悦的心情，将两个国名联起来，赠给他一个新名字叫‘竺震旦’！”……泰戈尔紧握着梁启超的手，庄重地接受了这个名字。后来，西泠印社的金石艺术家们，又各以不同的字体精心刻制了

（1）参见朱妙根：《西泠留痕三则》,《西泠往事》，西泠印社出版社，2000年5月，第43页。

（2）参见《环球时报》2005年3月17日第10版专版刘作奎撰《泰戈尔情深意长访中国》。据言泰戈尔访西泠印社时的获印是名印“泰戈尔”,而回北京的一个月之后,由于梁启超为泰戈尔取名“竺震旦”，于是再请西泠印社中人为刻“竺震旦”名印两方。两种记载不同，仍待详考。

两方“竺震旦”的印章，赠给泰戈尔。

20世纪30年代以后的西泠印社，还与一位文化名人有过关联。他就是声名赫赫的、撰著《书画书录解题》的余绍宋。在居住杭州的文化名人中，他算得上是第一号，至少在20世纪30年代前后，是如此。

余绍宋曾任过北洋政府司法部次长。曾留学日本学法政与经济，后回国任浙江公立法政专门学校校长。在北京期间曾师事名画家汤定之，又与齐白石、陈师曾、溥心畬等交往，在中国画方面有相当的造诣。但他更大的造诣，是在目录学、方志学方面，他担任浙江省通志馆馆长，又担任浙江省临时参议会副议长，藏书20万卷，又曾应《东南日报》聘，主编《金石书画》副刊（旬刊），这成为近代中国书画史、金石史中的一项大业绩。至于《书画书录解题》，更是一部划时代的著作，他以一人之力，修订五六次，才得定稿。可以说，无论是在社会活动层面上，身份与地位、介入政治的能力、编辑报刊引导舆情、著述宏富以及方志、目录、书画诸学上，他都是浙江的一位大家。正是他，在晚年介入了西泠印社的活动。《西泠印社志稿》卷六《志余》中，有《戊子题名》，其中记录参加印社活动的社会名流，有如下一条：

姓　名	别　号	斋　馆	年　龄	籍　贯
余绍宋	越　园	寒柯堂	六　六	衢州龙游

在《西泠印社志稿》的社员名单中，并无“余绍宋”，在社员名单后的“于印社有所赞助”的名单中也没有。但在“戊子题名”列“余绍宋”名之后，又另设“故赞助诸公姓名”等，显见得又不是以余氏为社外另册之名。据此，大约可以推断：对于西泠印社而言，有余绍宋这样的名人加盟，自是求之不得，但余氏没有正式入社，又不便将他完全作为“客串”来对待，且他一年后即去世。故以“戊子题名”记录之。其位，当在正式列籍社员之外，但“票友”之内也。

新中国成立之初，西泠印社一度陷于停顿，在20世纪50年代中期开始恢复。在走向新的振兴之时，大批文化名人与印社联系起来。检其大者，如历史学家、文艺界领袖郭沫若，又如著名作家沈雁冰（茅盾），他们当然是比余绍宋等更有威望的人物。

但视他们为文化名人还不够，因为担任文化部部长、全国文联主席的高职，使他们在“文化名人”之外，又多了一种别样的含义，故我们在后文中专章再作讨论。

第二节　西泠印社史中的社会贤达

所谓社会贤达，在西泠印社史中，是专指那些既不是篆刻专家，比如印学理论专家或印谱制作专家或藏印专家，当然更不是治印的实践家，同时又不是一般意义上的名家大师、学界泰斗或专业行里的领袖人物，当然更不在社中占据主要的醒目位置，比如担任社长、理事的人。他们自是有身份有地位的乡绅或士绅，于印社的活动采取“票友”“客串”的心态，热心襄赞，但不占名位甚至也不欲在社谱中列名。由于社会身份、参与印社活动的方式等等都非常多样丰富，很难做一精确的概括与定位，故我们一概称之为“社会贤达”。

最早的“社会贤达”出现在西泠印社成立之始，由八位乡绅在光绪三十一年（1905）年呈报杭州府的呈文中。在呈文中署名的，是丁仁、吴隐、张惟琳、汪厚昌、王寿祺、叶为铭、唐源邺、戴书龄，其中丁、吴、王、叶和唐源邺（醉石），自是西泠印社的篆刻中坚，汪厚昌也为社员并有印谱传世，而张惟琳、戴书龄，是于印社有襄助之功，但未名列社籍的杭郡长老，他们应该就是社史中第一批“社会贤达”。

据20世纪50年代阮性山与韩登安所撰的《杭州西泠印社》一文，除基本社员之外，尚有“赞助社友”名目，指的是“于印社兴建时期有特殊贡献或捐建屋舍器物者”。其名单如下：

王　同	汤聘伊	罗　椝	丁　理
高保康	丁三在	丁立中	王　绮
汪　嵚	俞　潮	王士杰	郑遗孙
张景星	王同烈	王锡荣	盛　俊
郑健庵	洪承德	邹贻孙	胡如玉
吴善庆	吴小楼	俞文镛	丁　泰
盛　起	盛庆蕃	盛　俭	张钧衡

周庆云　孙　涛　钟元棣　金尔珍

夏　超　童　晏　盛宣怀　杨守敬

张祖翼　李辅耀　陈　璚　僧冶开

弘　伞　孙智敏　邵裴子　阮性山

这一名单中如盛宣怀、杨守敬、张祖翼均是近代史上声名赫赫者，夏超则是当时的浙军师长、警察厅长。而孙智敏、邵裴子、阮性山三人原未列入社员名单，则是大大出人意料。而《西泠印社志稿》卷二《志人》中，也有一份名单“右列十人均于印社有所赞助，特为铭泐，而附载于此”。其名目如下：

汪　嶔　张钧衡　李　庸　王同烈　吴善庆

鲁　坚　邵裴子　胡　希　阮性山　周承德

相比之下，吴善庆、张钧衡、王同烈、阮性山、邵裴子等是“重出”之外，余者各有所据。但既指定其是“有所赞助”“捐建屋舍器物者”，当然应该是非正式列籍社员的“士绅”——能捐助贡献，当然也不是一般寻常平民百姓所能为，必有乡绅的名望与地位。因此，他们理所当然被归入“社会贤达”范围之内。

除被明确指为“赞助社员”或“社友”的人物外，在印社草创初期，在一些较为重要的活动，如撰写《西泠印社记》、西泠同人吟咏诗篇、《西泠印社图》题咏中，还有许多未见于社籍中者。至于几次捐献大事，更是获得了许多社外贤达们的鼎力支持。我们分列如下：

撰写《西泠印社记》八篇：

河井仙郎　鲁　坚　胡宗成　张景星

吴俊卿　徐映璞　林乾良　沙孟海

为西泠印社各景点作记的九篇文章的撰稿人：

王毓岱	朱用宾	汪承启	吴俊卿	
张钧衡	李　庸	丁　仁	吴　隐	吴善庆

在西泠印社各景点有诗咏的有四十人：

丁立中	丁以布	许炳璈	冯君木	吴俊卿
李　庸	费龙丁	丁辅之	孙　锦	潘西风
丁三在	丁上左	沈曾植	释演音	叶　铭
何颂华	王寿祺	钟以敬	吴　隐	陶在宽
胡　然	童大年	叶鸿翰	胡宗成	叶翰仙
赵士鸿	王锡荣	金有麒	张惟楙	徐新华
哈少甫	杨天禄	王　震	沈光莹	任　堇
许奏云	韩　澄	朱景彝	吴　颐	李瑞清

为《西泠印社图》题咏的有二十人：

金蓉镜	胡　镬	吴俊卿	程兼善
金　鉴	盛庆蕃	张祖翼	金尔珍
章　澍	吴庆坻	潘飞声	黄山寿
朱孝臧	张朝墉	王国维	王禹襄
陈汉第	陈敬第	孙智敏	高保康

在这几份名单中，只要是非印社社员，或在日后也未参加西泠印社的，当然应该就是来自社外的“社会贤达”们。可以说，抛开他们对印社的实际贡献不论，只要没有他们的参与，西泠印社每年的春秋雅集及各种活动，就会人气不旺，难以形成如此宏大规模与兴旺场面。

几次捐献大事，则以捐赎《汉三老讳字忌日碑》和捐建“隐闲楼”为最。

两浙甚罕见汉碑，《三老碑》是极为珍稀的汉碑仅存者。原藏者余姚周世熊获得

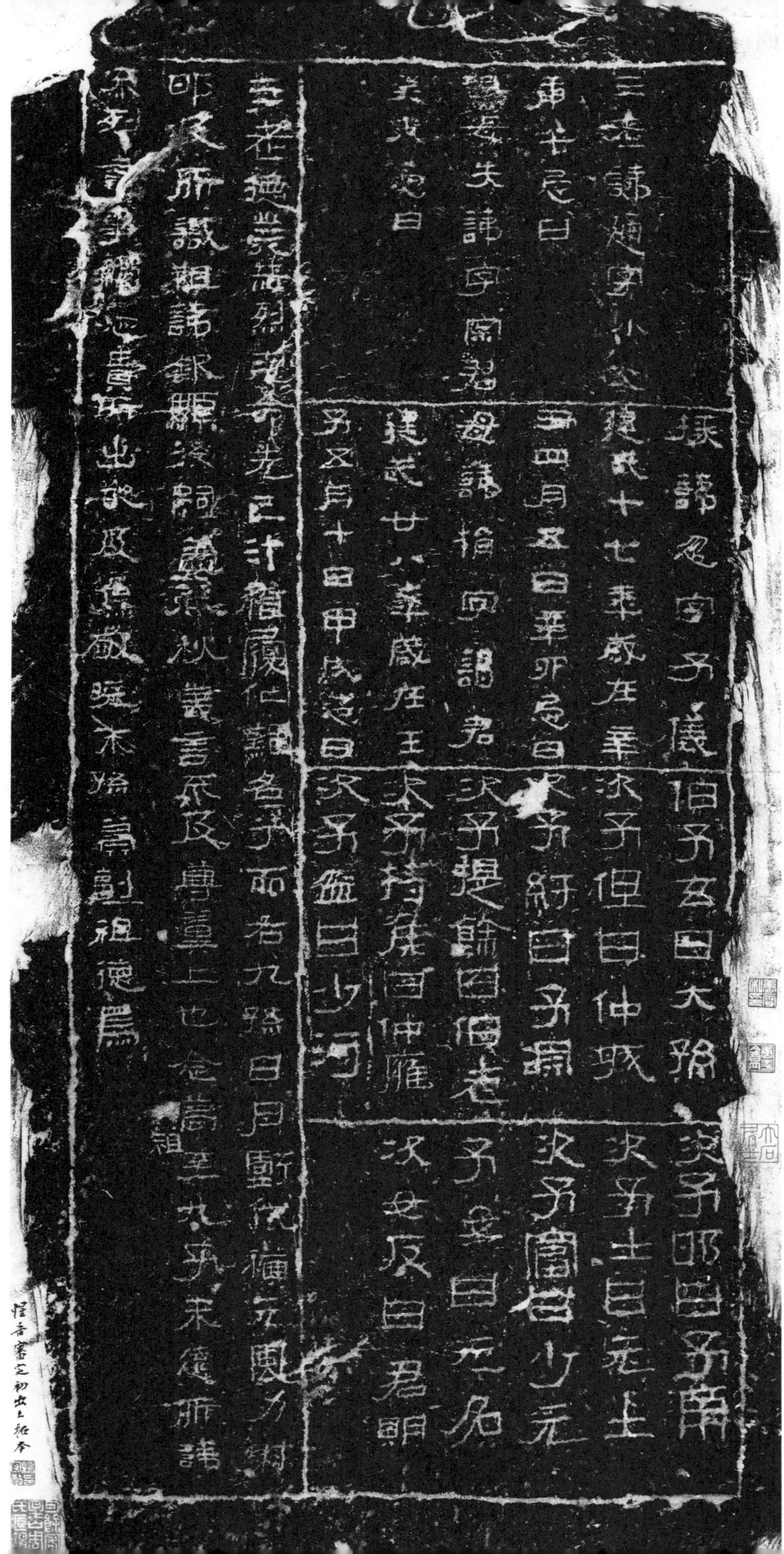

《汉三老讳字忌日碑》

此碑石，历经俞樾、方若、魏稼孙、张松坪、傅节子、顾鼎梅各家著录，后原石辗转入丹徒陈渭亭之所。外国收藏家闻知此事，意欲以重金购运出海。西泠印社旅沪会员闻知此事，即由吴昌硕、丁辅之等联合同道四处呼吁奔走，发起书画义卖，除特别捐助之外，由吴昌硕、倪墨耕、何诗孙、陆廉夫、王一亭、商笙伯、高邕之、丁辅之、王禔、吴石潜、叶为铭等各捐出书画印谱10件、古画30件，义卖所得皆用于赎碑。后碑被赎归，置于西泠印社孤山观乐楼左侧，筑专门石室以保存。而据吴昌硕《汉三老石室记》所载，当时捐出巨资的，还有其他人，“大府济阳卢公，故浙籍也，首捐俸为之倡”，“乌程张君石铭，亦输助巨资”。这又是地道的“社会贤达”帮助印社的范例。[1]据载，“凡捐金赎碑最六十五人，依汉石例署名氏于碑阴”，是则这65人，当然也有相当数量是属于“社会贤达”——捐助者多为旅沪人士中的名家，如前举倪墨耕、何诗孙、陆廉夫、商笙伯等。他们的努力，并不因不列社籍而可以随便泯灭的。

捐建孤山印社“隐闲楼”建筑，是由上海的“海上题襟馆金石书画会”具体运筹的。据《西泠印社志稿》卷六《志余》载，“题襟馆书画会谋所以传永久，今在西湖孤山之巅建隐闲楼”。除各认捐之外，还以书画义卖来聚集资金。其名单如下：

一、古画30件。

二、蒋星阶、毛子坚、郁屏翰、哈少甫捐名人合作。

三、吴昌硕10件、何诗孙10件、郑孝胥10件、李瑞清10件、金吉金10件、陆廉夫10件、倪墨耕10件、汪子渊10件、胡二梅10件、何研北10件、王一亭10件、姚叔平10件、何熙伯10件、商笙伯10件、赵子云10件、高邕之10件、叶指发10件、曹恂卿10件、沈吉斋10件、黄旭初10件、徐星舟（印章）10方、潘兰史10件、丁辅之（印谱）10部、王禔10件、吴石潜（印谱）10部、叶叶舟（印谱）10部。

除最后几位印社中人之外，大都是沪上著名的书画家，于印社而言自是“社会贤达”，

（1）在此文中记载的“大府济阳卢公”，是指浙督卢永祥。“乌程张君石铭”，则是指吴兴巨富张钧衡。张氏另有《闲泉记》载于《西泠印社志稿》。卢永祥带头捐出银洋2000元，张钧衡捐出2000元。在当时，这的确是一笔巨款。

正是他们的热心，才会有今天西泠印社的风貌。

此外，还有一些资料中也颇可见印社活动中的“社会贤达”们的身姿。比如如下一些记载：

> 西泠印社壬子题名（1912），社中列名33人。
>
> 西泠印社辛酉题名（1921），社中列名31人。
>
> 西泠印社丁亥重九题名（1947），社中列名约80人。
>
> 西泠印社戊子题名（1948），社中列名约80人。
>
> 吴岳庐上寿记并集名，为壬戌（1922）三月十八日，同集有50余人。
>
> 丁辅之七秩征集金石书画活动为戊子（1948）六月廿七日，当时列名沪杭各地，有40—50人列名。

这些题名中，多有非西泠印社的文人墨客。关于这些名录，在《西泠印社志稿》卷六《志余》中有一段表述，最为妥切。兹引如下：

> 按丁亥、戊子两题名，为当时社集或致祭印人而莅止者。人各留名，唯西湖园林向例不禁游观，印社亦然。因是题名之中，有从众留名，而邂逅之际不能详悉其梗概，旋且杳渺，不复能得其踪迹者间有一二。至题名印品，则散布者虽非少数，乃未几即已罕见，录之以见一时裙屐蹁跹之盛，亦以留鸿雪之痕。

其实，从西泠印社社史角度看这些“旋且杳渺”的邂逅者，当然会觉得价值不大——因为每次活动都会有许多即兴被邀的社会名流和附庸风雅的闲人在列，特别是在过去社团活动形式较为松散闲适的情形下，这是很正常的。但站在更宏观的立场看，则这些人物却是西泠印社存在的社会基础。没有他们，同样也不会有今天西泠印社的风貌。

第三节　西泠印社在中后期的社外参与者

自20世纪50年代后期西泠印社开始重新恢复活动之后，除了西泠印社的社长张宗祥、沙孟海、赵朴初和副社长们，中坚社员，如韩登安、阮性山、张鲁庵、秦康祥、高式熊等作为印社中人责无旁贷之外，也有相当多的社外人士对印社的健康发展起到了积极的推动作用。其中，来自政界的国家领导人与地方政务官员的提携之力，以及来自全国学术界的前辈后进的诩赞之功，是两种最明显的支持力量。

国家领导人对西泠印社的关注，出现在印社六十大庆之时。从1958年成立西泠印社筹备委员会，到1962年成立西泠印社六十周年纪念筹备委员会，再到1963年印社六十大庆，除举行学术报告会之外，举办大规模的展览会并分三个展厅：一为历代金石书画篆刻原作陈列，二是张鲁庵等捐献作品陈列，三为以印社社员作品为主的现代金石书画陈列。可以说，西泠印社六十周年来，第一次有了大规模的展览，第一次有了正规的理事会。这当然是一个盛大的庆典。正是因为有这样的庆典，所以才会引出国家领导人的关注——在印社史中，这也是第一次。

首先是国家副主席董必武的题词：“西泠诸子工篆刻，丁赵尤为世所称。风格特殊成浙派，缶庐继起迈先行。”其次是全国文联主席郭沫若的题诗：“风雅扶轮六十年，西泠韵溢西湖天。千秋鸟迹泣群鬼，万树梅花结善缘。自古神州原尚赤，于今铁笔更宜坚。银钩深刻扬先烈，好使东风万古传。”中央人民政府文化部部长沈雁冰的题词是：“继承遗产，发扬光大之。”在六十大庆的题词之外，在20世纪50年代至60年代，许多国家领导人访问过西泠印社，如周恩来、陈毅来游杭州，即到过西泠印社，而朱德、董必武、郭沫若都专门访问过印社。可以说，在前50年中，西泠印社创业维艰，又迭遭战乱，几经废圮，其影响虽远播海外，但却并未引起北京的清末权贵、南京的民国政要的注意，其范围始终不出文艺界。而正是在六十社庆之际，才开始赢得了国家领导人的高度关注。这，应该被看作西泠印社走出浙江、走出江南而走向全国的第一次成功亮相。

而在西泠印社恢复活动的1958年前后，我们还看到了浙江省和杭州市的地方官员对印社的文化价值的高度评价与大力扶植。当时的浙江省委书记林乎加，曾经在

1961年底，在杭州书画社召集专门会议，讨论西泠印社工作。并决定由原来的杭州书画社管西泠印社的工作体制，改为由西泠印社来管杭州书画社。当时参加会议的省、市行政领导，有李丰平、于冠西、王黎夫、胡景瑊、孙晓泉、王树勋。其中除后两人是西泠印社中人之外，其余都是行政官员。(1) 正是在这次会议上，林乎加对西泠印社的定位，给后来的领导带来很大的积极影响："西泠印社不仅是浙江省的，也是全国的，甚至是全世界的。"在西泠印社六十周年社庆筹备委员会上，省委书记林乎加、杭州市副市长陈礼节讲话，而在六十周年的庆祝大会上，浙江省委书记霍士廉、省市领导王平夷、盛华、陈礼节等均到会祝贺并讲话。至于在1978年之后，历任浙江省、杭州市领导关心西泠印社的记录更是不胜枚举。由是，我们无妨对西泠印社百年史有一个如下的基本判断：如果西泠印社前50年，是一种同人自发、自愿、自足、自体循环的模式的话；那么在后50年，正因为国家、省市政府的帮助，提供了强有力的领导与支持，提供了人力、物力、财力上的坚强保证，又以政府所具有的权威性与号召力，才使得西泠印社柳暗花明，走向更大的辉煌。没有这样一种力量介入，西泠印社就无法走向全国从而引起国家领导人的高度关注；而社员也仍然只可能限于沪、浙两地，缺乏辐射全国的能力。不但如此，还因为西泠印社处于杭州孤山，倘若没有地方官员的热心扶持，恐怕连能否维持都会大成问题。就这一点论，则西泠印社能有百年兴旺，还真是多仰仗了历任地方官对文化、对篆刻一以贯之的理解与重视。比如在叶为铭辑的《西泠印社小志》中开卷第一篇，当八位士绅即丁仁、吴隐、张惟楙等为组织西泠印社呈禀当时的杭州府、钱塘县请求核准时，当时的杭州府知府姓宗，即有批复如下：

> 据禀已悉。西湖为人文之地，该绅等慕苏白余韵，仰先觉遗徽，拟于蒋果敏公祠右柏堂竹阁之北、数峰阁之西，开辟隙地，集资建造西泠印社屋宇数间。为保存国粹、研求学问起见，事关公益，准予立案，仰候照会经管董事可也。此批。

(1) 参见孙晓泉：《西泠情愫》,《林乎加召集的一次会议》，中国美术学院出版社，2002年，第52页至第54页。

而钱塘县知县姓汪，亦有批复如下：

> 据禀已悉，该绅等为保存国粹，研究学问起见，拟在西湖蒋果敏公祠右辟地建屋，创设西泠印社，事属公益，应准立案。既据并禀府宪，仍候批示，祗遵可也，此批。

至民国建立，又有吴隐、叶为铭、王寿祺、唐源邺呈文杭县知事。杭县知事汪氏还有批示：

> 来呈具悉。该社员于西湖蒋祠之后柏堂竹阁之北数峰之西，辟除荆榛，建设印社，景企芳躅，式奉龙泓，勗厉古欢，匪云虫技。社既由私家所造，事亦为艺苑所珍，准予出示，仰即知照。

为防止清室颠覆、民国新建所引起的混乱殃及西泠印社，还特由杭县知事汪氏出具告示，其中还有如下一段诫训之词：

> 据西泠印社社员吴隐等呈……今幸民国缔造，凡属私人财产，业奉大总统电令，一律保护。蒋公祠宇又经临时议会议决存留，理合呈请保护等情到县，除批准予出示外，为此仰居民人等知悉：是项社屋，既属私人所创，实为艺苑所珍，如有无知乡愚，任意损害，准其随时送究，严惩不贷。切切特示。[1]

那么，这清光绪末期的宗姓杭州知府、汪姓钱塘知县、民国初的汪姓杭县知事，即可说是第一代保护西泠印社的行政官员。而历经几十年到新中国成立后，西泠印社由停顿走向兴旺，又有从浙江省的林乎加、霍士廉、李丰平、于冠西、王黎夫直到杭州市的王平夷、盛华、陈礼节的历任行政官员的大力扶持与出手相援，才会有六十周

(1)这几篇呈文是与清末杭州知府、钱塘知县、民国的杭县知事的批示、布告，原文均载于叶为铭编《西泠印社小志》。

年大庆的鼎盛局面。而到 20 世纪 80 年代以后，西泠印社的逢五、逢十的社庆大会，又凝聚了多少来自行政系统的强有力支援？

来自全国各地的学术界的支持，则从几次学术研讨会的参与者名单即可看出。西泠印社初创时期，即以印学研讨相号召：一是各处所藏，共同鉴赏；二是研究印学，“以抒积愫，评论印学，迨无虚日”（河井仙郎语）。每年的春、秋雅集，都是金石书画印章印谱的展示、鉴赏会，和印史印论的研究会。若不然，西泠印社就不会有这么多的理论成果出现：从叶为铭的《广印人传》到吴隐的《遁庵印学丛书》。西泠印社六十周年大庆之时，沙孟海、罗叔子等还宣读论文，表明“研究印学”这一宗旨，在印社诸贤心目中作为题中应有之义是得到贯彻的。

20 世纪 80 年代开始，每逢社庆大典，即开始举办专门的“国际印学研讨会”，研讨会以提交论文为准，并不只限于印社社员。大凡有志于印学，又能有较高学术见解的同道，即使并非西泠印社中人，也无任欢迎——推动印学研究的发展，本来并不是西泠印社一家的事，而是牵涉到整个当代史的大功业。依靠国际印学研讨会，西泠

1988年，沙孟海在印社建社八十五周年纪念大会开幕式上致辞

印社周围，聚集了一大批于印学有专攻，于学术有积累，又热心奉献，拥戴西泠印社并积极参与印社活动的高质量人才。有许多20世纪90年代发展的新社员，即是先从印学研讨会的发表论文开始，逐渐进入西泠印社组织班子的视野，最后被作为英才吸纳入社的。因此，印学研讨会的举办，在某种程度上说，已经成了西泠印社扩大组织规模、吸引人才加盟的一种极有效的形式渠道了。与印社举办的篆刻书画评展和各种比赛所聚集的人才相比，后者由于刻印的人数众多而很难只凭一两方印即确定水准；而印学论文发表与研究实力的展示，却往往具有更明显的效果。从西泠印社八十周年社庆（1983）、西泠印社八十五周年社庆（1988）、西泠印社九十周年社庆（1993）、西泠印社九十五周年社庆（1998），乃至纪念吴昌硕130周年诞辰（1984）、纪念吴昌硕140周年诞辰（1994）、中日学术交流会（1987）等连续的学术活动中，不但发现了一大批印学研究方面的人才，从而充实了西泠印社的人才梯队，还聚集了一大批学有专攻、但至今未加入西泠印社却积极参与西泠印社活动的“社友”学者。他们活跃于学术界，同样扩大了西泠印社在海内外的影响，从而使西泠印社更具有“天下第一社”的王者风范。

第六章　西泠印社与国际印学交流

作为一个社团，在成立伊始即有来自海外的社员加盟，这样的例子在西泠印社成立前还未出现过。西泠印社在创始之初，并没有在跨国发展方面的主动意识，但正是由于创社四君子的谦让和邀请吴昌硕任第一任社长，而吴昌硕在上海画坛印坛又是当之无愧的领袖，且上海又是一个万方辐辏之所在，于是通过吴昌硕的引荐，印社在创社之初即已有了两位西泠印社海外社员，一位是河井仙郎（荃庐），另一位是长尾甲（雨山）。

河井仙郎在日本学治印，初以赵之谦风格入手，后仰慕吴昌硕在日本的威名，于明治三十年（1897），奉函吴昌硕请益印学，确定了师生关系。其后在明治三十三年（1900）与文求堂主人田中庆太郎同行，并由罗振玉、汪康年介绍，专程赴上海，投入吴昌硕门下。吴氏往返于沪、杭之间，河井仙郎随左右，基于此一机缘由吴氏介绍，与印社叶为铭、王禔、丁仁、吴隐等共同切磋印学，摩挲金石，自然而然地成为孤山西泠的一员。正是在此一时期，河井仙郎为西泠印社撰写了第一篇《西泠印社记》。

入社后的河井仙郎，几乎每年都往返于京都与上海之间，也参加了许多次印社的雅集活动，在与印社诸君商讨印学之余，他还集中收购赵之谦书画篆刻作品[1]，又受

（1）关于河井仙郎在西泠印社初期的活动，可参见拙文《印学话西泠》，《书法研究》，1983 年第 3 期。又参见拙文《印社 1913 年“兰亭纪念会”史实考察》，《西泠印社九十年》，西泠印社出版社，1993 年，第 9 页至 10 页。此外，河井仙郎广收赵之谦的作品之事，可参见拙文《赵之谦日本受容史综考》，《书画论集》2002 年第三辑（华夏书画学会丛书），第 355 页至第 413 页。

日本财团三井听冰阁之托，为购买各种珍稀拓本如宋拓孤本而尽了大力，而罗振玉、汪康年还为河井氏订《荃庐先生刻印润例》。直到1931年之后，他才专注于日本篆刻界的建设，成立“吉金文会”“说文会”“丁未印社”，广收门徒，以一手精湛的篆刻印风、广博的印学知识，以及拜师吴昌硕、游历中国的印坛“正宗”身份，从而成为日本近代篆刻界的祖师，至今仍是门生如云、追随者众。可以说：他背靠西泠印社成就了自己；而他又借助西泠印社，把篆刻的精髓带到日本，生根开花，终成正果，从而使本来限于个人之间或限于一艺之交往，上升成为具有两国文化交流史意义的交往，这应该被看作是西泠印社百年史上最为辉煌的一笔。试想想，依靠一段个人交流，改写一国一域的篆刻史，还有比这更令人鼓舞的业绩吗？

长尾甲本非印学中人，原是日本东京高等学校的教师。而性格通脱自由，诗文俱精，初入上海商务印书馆，职司中小学教科书的编印。因为与吴昌硕深交，才有得结西泠印社之缘。检吴昌硕传世书画印作品中，落款为长尾雨山者甚多。如在1921年前后，吴昌硕曾送长尾甲墨梅、墨荷、山水卷、石鼓文条幅、横额及缶庐诗翰等数十件。有此交谊，长尾甲也经常往返于沪、杭之间，还在西泠印社孤山上的岩壁之间，题写“印泉”隶书二字，遂成印社一景。在印社同人间，长尾甲有“扶桑名士”之谓。“名士”者，潇洒不拘形迹，非比孜孜矻矻的学究，吴昌硕题赠长尾甲，有“雨山先生慕宋苏轼之为人，所为诗亦如之”“意造不学东坡狂”，大致是与“名士”风姿息息相通的。

长尾甲回国后，仍时与上海的印社同道鱼雁往还。在日本京都，他主持过数次规模庞大的“寿苏会”“赤壁会”，仿杭州孤山西泠印社雅集之例，广招文人墨客、雅逸韵士，还特意从中国寄送“松江鲈鱼”以为雅物清供，从上海的西泠印社社员中征集贺画贺词与贺印，从而使西泠印社的活动方式远播东瀛[1]，这又无妨被看作是西泠印社的流风远被。日本艺坛关东关西向来风格不同，关西有长尾甲主持，又有中国的声援，其活跃程度远胜于东京文艺界，一时成为传统南画、书法、篆刻及古典诗文的中心，这些历史记载中，自然是有西泠印社的影子在。

如果说到西泠印社两位早期日本社员的各自贡献的话，那么河井仙郎传去日本的

（1）关于长尾甲的“赤壁会”“寿苏会”，可参见拙文《印社1913“兰亭纪念会”史实考察》，林乾良：《西泠群星》，西泠印社出版社，2000年。

左起：长尾甲、犬养毅、罗振玉、富冈百炼、内藤虎次郎

是正宗的篆刻艺术，他也因此成为一代印学开山之祖；而长尾甲传去日本的，是西泠印社每年春、秋雅集的活动方式与风气，是诗书画印熔于一炉的“名士”姿态。在近代日本文艺史中，这些“寿苏会”“赤壁会”“兰亭会”，是十分显眼的历史记录。

除了河井仙郎、长尾甲外，西泠印社与日本方面的交往在最初十年非常频繁。这期间，最为典型的例子，是在中、日两国四地同时举办“兰亭纪念会”。

民国二年即日本大正二年（1913），正逢王羲之撰写《兰亭序》的第26个“癸丑”。由日本方面发起，希望在东京与京都举行“兰亭纪念会”。东京（关东）方面由书坛泰斗日下部鸣鹤、中林梧竹发起，京都（关西）方面则由内藤湖南领衔，分别举办了规模盛大的展览会与纪念演讲会。在《兰亭序》的祖国，自不能没有相应的活动以示正宗。当时中国正值改朝换代，清廷崩坏，民国初建，一切还在混乱之中，中国自无一个有效的组织来对应于日方的请求。于是，通过在上海的吴昌硕，由西泠印社出面主持，在同时间在杭州、绍兴举办了“兰亭纪念会”。与会的中国方面人士，有上百人之多，可惜未及留下一份出席名录，使我们无法断定这场盛大的纪念会的具体情况。

河井仙郎在1913年西泠印社兰亭纪念会社员合影的照片上有一题记，全文如下：[1]

> 今年为晋永和九年后第二十六癸丑，西泠印社举行兰亭纪念会。是日天朗气清，与会者无虑百人，类擅郑虔三绝之长技。庭中设右军画像及永和九年古甓，别具长几，供客染翰，相与贻赠。又各出金石书籍交换，会中陈列名书古画多至三四百种，皆藏家精品。而日本长尾雨山、高濑惺轩、小栗秋堂、纪成柯庭、岸田雨臣、友永霞峰、吴县曹蘅史、山阴吴石潜诸君，且自兰亭修禊而来。金陵哈少孚则自沪上遥集，就中余杭盛剑南、丹□□□开何庚生，皆年登大耋，精神矍铄，亦与斯会。诸君酒酣□□□即席题咏，爰为摄影全图，以志一时之盛云。

这篇题为《西泠印社修禊纪盛》的题序，告诉我们在兰亭活动之后，在西泠印社孤山上也有过一次隆重的修禊仪式（4月7日）。日本方面，加上河井仙郎为七人，且又是与日本东京“兰亭纪念会”（4月7日）、京都“兰亭纪念会”（4月9日）遥相呼应。作为两国之间的交流，应该是十分典型的一次成功活动。或更可以说，在日本，是有东京、京都两个分会场；而在中国，亦有绍兴兰亭与西泠印社杭州孤山这两个分会场。在西泠印社成立大会召开（1913年秋9月）之前的4月7日，在孤山之麓有此大举，且是中、日互动，几乎让我们误以为在当时的中、日之间，西泠印社是一个最有效的，甚至可能还是唯一的艺术交流的窗口。

至于吴昌硕个人，与日本文人交往甚多，难以一一列举。但有几件大事，不可不提：

一是日本雕塑家朝仓文夫为吴昌硕塑铜像；

二是日本旅沪白石六三郎为吴昌硕办展览。

1921年，日本雕塑家朝仓文夫仰慕吴昌硕，特为吴范铸了铜质半身像两尊，一置日本，另一尊请人运往中国，吴昌硕见此铜像大喜，转赠与西泠印社，安放在西泠印社孤山，由丁仁、吴隐筑龛护置。诸宗元特撰《缶庐造像记》以记始末，吴昌硕自

（1）参见拙文《印社1913年“兰亭纪念会”史实考察》，《西泠印社九十年》，西泠印社出版社，1993年，第9页至第10页。

题像背，铭曰：

> 非昌黎诗，咏木居士。非裴岑碑，呼石人子。铸吾以金而吾非范蠡，敢问彼都之贤士大夫用心何以？辛酉八月，昌硕戏题，年七十八。

后来王震又斥资建“缶亭”，沈曾植再撰《缶庐像赞》：

> 旼旼金容，我来自东。苦铁为铜，铅泪在胸。攻金朝仓，筑亭王震，注视翘勤，礼翁若圣……宣统辛酉仲冬长水沈寐叟撰书。

在此中，“彼都”“来自东”等，都表明朝仓文夫所塑铜像，为当时中日士大夫交流的一段佳话。

迭经摧残坎坷的西泠印社，朝仓文夫所塑吴昌硕铜像早已毁坏佚失。而日本朝日新闻社长小林与三次在日本请朝仓文夫高弟西常雄重塑的一尊吴昌硕铜像，基本上保持了原作风格。1980 年 10 月，这尊铜像运到杭州，小林与三次与青山杉雨率“吴昌硕先生胸像赠呈友好访华团”赴杭参加揭幕仪式。时隔 60 年，又一次谱写了西泠印社中日交流史上的新篇章。(1)

1914 年即民国三年九月，旅沪日人白石鹿叟在上海“六三园”内“剪淞楼”为吴昌硕举办“吴昌硕书画篆刻展览”。这是吴昌硕的第一次个人展览，也是中国最早的个人书画展之一。(2) 商务印书馆为之出版《吴昌硕先生花卉册》。展览轰动沪上，展品被定购一空，吴昌硕声名大噪，展览的出资者、招待者，正是这个白石六三郎。而在此同时，吴昌硕又通过王震与白石氏，联络上日本的谷上隆介与文求堂主人田中庆太郎，由他们全力推荐，从 1926 年开始，连续在大阪“高岛屋”主办了几次“吴昌硕书画篆刻展览”，形成了日本的“吴昌硕热”。中国近现代美术史中，学西洋油画

（1）朝仓文夫为吴昌硕塑像（1921）和西常雄重塑吴昌硕像（1980），可参见吴长邺:《西泠印社内的吴缶翁铜像》，《西泠往事》，西泠印社出版社，2000 年，第 305 页至第 307 页。

（2）关于吴昌硕于 1914 年第一次在上海“六三园”办个人书画篆刻展览一事，可参见拙著《近代中日绘画交流史比较研究》，上海书画出版社，2019 年，第 138 页至第 139 页。又见拙著《现代中国书法史》，河南美术出版社，1993 年，第 52 页。

六三园

吴昌硕（中）与王一亭（右）在六三园听琴

要办展览会，是天经地义的事；而传统中国书画篆刻作品办展览，却不能不推1914年吴昌硕的大胆尝试。由是，这一凝结着中日文化艺术交流的记录，在中国近代绘画史书法史中，也具有非常特别的价值与重大意义。

20世纪30年代以降，西泠印社的活动虽不如前20年那么热闹，但由于威名远播，故日本的书画篆刻家与文人墨客，远道来访的大有人在。在此，我们列举两位日本文人赴杭州寻访赵之谦墓而到西泠印社的事例。一位是西泠印社老社员河井仙郎，另一位是与西泠印社并无瓜葛的楠濑日年[1]。

河井仙郎从1906年开始近30年间，几乎每年都到上海、杭州。据西川宁回忆，他有一年是专程为寻访赵之谦墓而到杭州的：

> 继述堂先生（河井仙郎）在西湖之西丁家山处寻找赵㧑叔墓时，很仔细地寻遍了每个角落。当时确定的有叶品三(铭)氏随伴同行。在荒棘丛中，有指示墓道的石标……当时先生在墓上摘了一株灌木小枝带回日本，这种小树在当地叫“六月雪”。

河井仙郎全力收集赵之谦的作品，故而他会去寻访赵之谦之墓。叶为铭相伴，似乎又是涉及西泠印社的一项个人活动了。

楠濑日年是篆刻家，有《日年印存》三集、《香于印谱》(合编)、《篆刻新解》等问世。在大正初年，他访问过赵之谦墓，而且正是通过西泠印社才得遂此愿的：

> 有一天忽然想去杭州，与吴石潜提起。吴石潜说：“那到我的别墅去吧，不用客气。”于是吴向杭州他的别墅留守的叶姓男子（疑为叶秋生——濂按），写了便条，翌日清早便坐火车出发，到杭州正是日中。……与叶姓男子谈了请他引路。但他亦不知墓地所在。一般想来，在出版过赵悲庵画集与印谱的西泠印社雇佣的人，应该知道赵悲庵墓所在。于是又问了几位，

(1) 河井仙郎与楠濑日年到杭州西泠印社拜寻赵之谦墓一事，可参见拙文《赵之谦日本受容史综考》，《书画论集》(三)(华夏书画学会丛书)，2002年4月第1版，第376页、第400页至第401页。

皆答不知。我想，葬在西湖畔，应该在哪本书上有记载；于是与叶同赴书肆，发现有几册西湖导游记的书上有记载，是在丁子山墓。问叶丁子山在哪儿，也还是不知道。真不知吴石潜为什么雇佣这样的人值班留守。……小径路窄，十分难走，叶气喘吁吁地说："来游西湖的文人几百，但到这样的地方来找一个不知道所在的墓的，恐怕还没有过。"……叶当然也没有来过此处，只是上海的主人关照要好好引路，故而尽心向前而已。

综上两例，则当时日本来杭州的文人墨客，恐怕必然会先通过上海的旅沪西泠印社社员如叶为铭、吴隐。当然如在日本有什么活动，需要中国文人呼应的，当然也第

沙孟海参加西泠印社社庆活动

左起：吕国璋、小林斗庵、孙晓泉、沙孟海、来宾、李明

一个会想到去上海找西泠印社社员。比如长尾甲在日本京都曾于 1916、1917、1918、1919、1937 年举办"寿苏会"，于 1922 年举办"赤壁会"，上海竟有书画家专程坐船赴京都参与盛会。而据史料记载，在第四届"寿苏会"时，吴昌硕、吴藏堪父子赠诗，王一亭赠画，西泠印社四君子之首的丁辅之则赠送《苏文忠公笠屐像砚拓本》以贺。[1]前辈风雅，真令人赞叹不可企及。

西泠印社六十大庆之后，本来已走上发展的正规轨道，无奈十年浩劫，印社陷于停顿，直到 1978 年才又开始恢复活动。自 1973 年开始，日本书法篆刻家便陆续组织访华团、代表团到西泠印社来访问。1979 年，西泠印社七十五周年大会，沙孟海当选社长。1980 年，开始每年召开理事会。1981 年，才吸收日本篆刻家梅舒适与小林斗庵为名誉社员，后又于 1985 年聘为名誉理事。至此，西泠印社在时隔 80 年后，

（1）参见拙著《近代中日绘画交流史比较研究》，上海书画出版社，2019 年，第 303 页，《近代中日绘画交流史年表》1920 年条。

小林斗庵

才又一次吸收跨国的日本社员，并且小林斗庵作为河井仙郎的嫡传弟子，更是承传了第一代社员的“文脉”。

印社八十周年大庆以后，吸收日本、韩国的篆刻家入社的工作速度加快，迄今为止，印社拥有的外籍社员将近 30 名，其中尤以小林斗庵、梅舒适、青山杉雨（顾问）、今井凌雪、金膺显、权昌伦、关正人等等在印学界的影响为大，对西泠印社在海外的发展多有贡献。比如小林斗庵的“全日本篆刻联盟”，梅舒适的“日本篆刻家协会”，各自都有一大批篆刻骨干活跃在日本印坛。在韩国、在东南亚，也都有相当数量的篆刻家在为弘扬印学而四处奔走呼号着。

每逢五、逢十的社庆印学研讨会中，必有国外印学家的莅临与参与，除此之外，西泠印社还举办专门的中、日书法学术交流会。如 1987 年 8 月在杭州举行的研讨会，由中、日双方各出三位学者宣读研究论文。沙孟海主持研讨会，中方学者钱君匋、刘江、陈振濂，日方学者梅舒适、杉村邦彦、鱼住和晃出场。这种对等的学术交流，在西泠印社的学术史上也属第一次。而西泠印社举办的大规模赴日本展览，计有 1981 年赴

小林斗庵　篆书《临侯马盟书》

小林斗庵　篆书《观于海者难为水》

青山杉雨

日本岐阜举办“西泠印社吴昌硕书画展”，1988 年由日本读卖新闻社与西泠印社联合举办“西泠印社展”，尤其是“西泠印社展”，展出社史资料及印社藏品 128 件，可谓是印社有史以来最有质量与规模的大展，分别在东京、大阪巡展，谓为空前绝后：“空前”自是当然；“绝后”恐亦是。之所以如此说，是当时出席东京展的日本艺术院院长有光次郎、书坛泰斗西川宁及重量级人物，如青山杉雨、杉冈华村等大都作古，而他们在当时日本各界的影响力，后继者也很难攀援企及之故也。

西泠印社的百年史，亦是一部中外印学交流的百年史。一个学术社团能拥有 100 年的国际交流历程，这样的记录恐怕是举世无双。故而，即使站在中外交流史立场上说，西泠印社也足可无愧地被推为“天下第一社”。

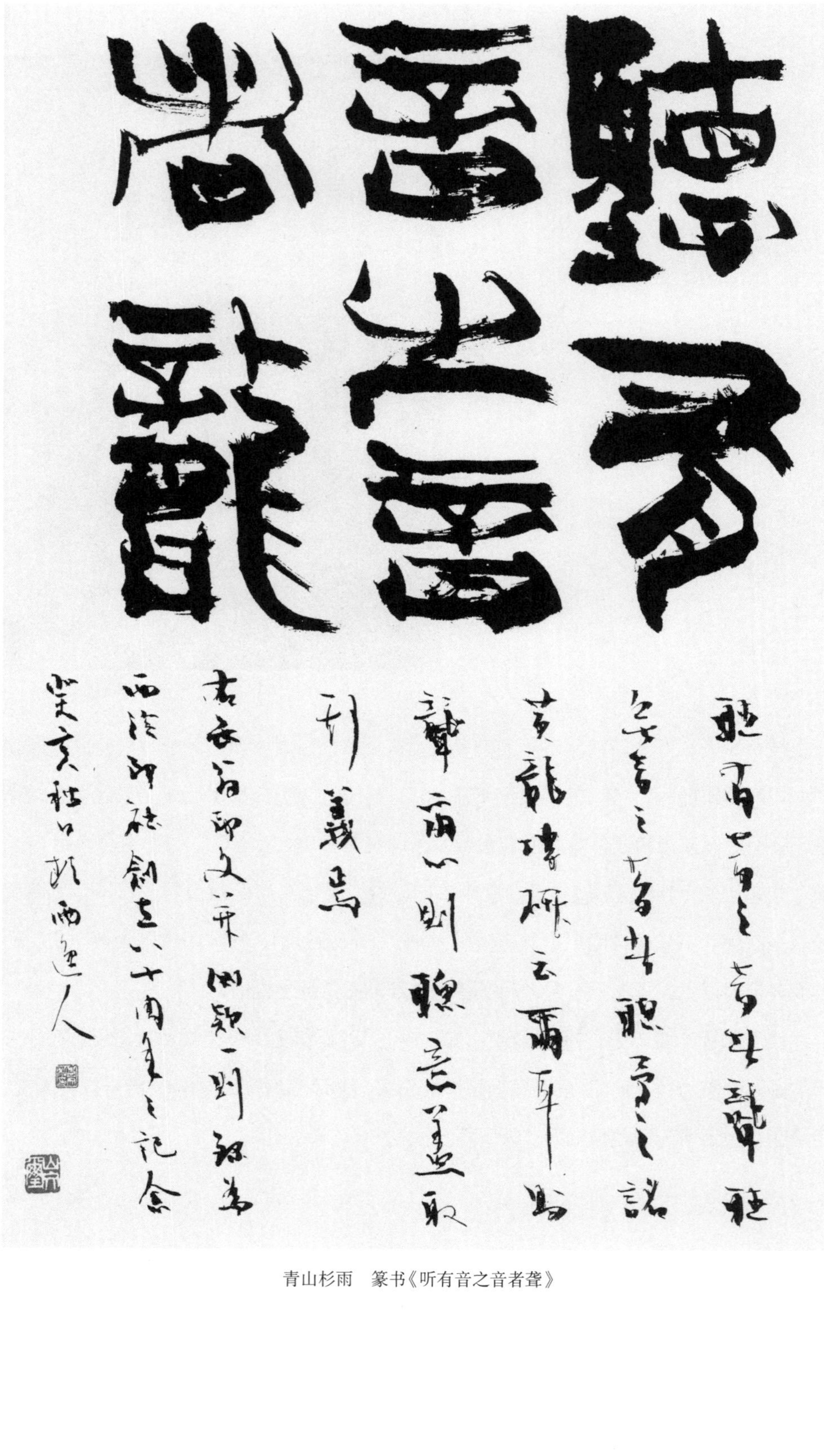

青山杉雨　篆书《听有音之音者聋》

第七章　关于西泠印社史研究——“西泠学”

我们不妨将西泠印社作为一个特定的对象，从学术角度去研究它的百年史。篆刻学是一门学科，仅仅是西泠印社史，当然还够不上一门学科的构架。但西泠印社史的这百年，作为研究内容是极其丰富的。从20世纪80年代，尤其90年代中后期开始，许多西泠印社的相关回忆文章——社员人物活动的回忆、社史大事的回忆、出版社编著印谱典籍的回忆……逐渐多了起来。“百年”是一个标志，是一个里程碑。总会有许多有心人在这个值得纪念的日子里想写一些什么，以留作后世追溯的踪迹。而随着近现代篆刻史研究的兴盛，比如在《现代中国美术全集》中单设《篆刻卷》(1)，又比如单独出版《二十世纪中国篆刻名家作品选》(2)，以及大量近现代名家印谱的出版与印刷（其中还有许多珍贵的序跋），都向我们表明：西泠印社史研究，已经拥有了一个极好的大背景。一部近现代百年篆刻史，其中西泠印社的内容就占其大半。那么，百年篆刻史被逐步整理，当然即意味着百年西泠印社史的研究得到不断推动。至于西泠印社

（1）《现代中国美术全集·篆刻卷》，江苏美术出版社，1997年，第1页至第19页，拙序《20世纪中国印坛论述》。

（2）《二十世纪中国篆刻名家作品选》，人民美术出版社，2001年。其卷前《序》为我1999年所撰，题为《20世纪中国篆刻史》。

史研究本身，随着早期西泠印社史料的陆续面世，比如几部《西泠印社志》被翻印，又比如各种文史资料中对西泠印社的记载被辑出归类，新的“三亲”资料[1]得以出版，以及在中后期印社史中诸如印社恢复活动时的各种档案文件的面世，西泠印社八十周年之后《西泠艺报》《西泠艺丛》所刊发文章得到整理编目以便检索，还有中国印学博物馆的陈列、展示资料，和各种捐献文物的清单……我们已经看到了一部西泠印社史的资料集的大致成形。它的规模十分庞大，内容甚多，仅是整理一遍，即须大费时日，但也正因如此，于是才有各种研究发展的空间在——资料还远远未有穷尽之时，研究当然更远未到穷尽的程度。

还是在对西泠印社百年史进行资料的梳理之初，我忽然想到了一个“西泠学”的问题。诚如前言：西泠印社史本身，还不是一个严格意义上的篆刻学科的全部。但在组织中国艺术研究所的博士后、博士、硕士们进行每一条资料的鉴别、考证、排列之时，我忽然想到其实关于西泠印社史研究，应该可以够得上一部“西泠学”的架构。我们在近现代学术发展的轨迹中，看到有“红学”“甲骨学”“简牍学”，其研究对象都十分固定：比如“红学”，即只针对《红楼梦》这一部分；“甲骨学”，只针对 1898 年面世的殷商甲骨文；“简牍学”，只针对 1900 年后出土的西北汉简，后又扩展为各地出土的简牍，如战国简、秦简等。仅以研究对象论，西泠印社百年史所包含的分量，丝毫也不亚于《红楼梦》、甲骨文、简牍。因此，西泠印社百年史研究，构成一个“西泠学”，完全顺理成章，没有丝毫哗众取宠、危言耸听的意思。早在 20 世纪 80 年代初，我曾经在绍兴兰亭举办的国际学术研讨会上提交过一篇论文——《宋代“兰亭学”的兴起及其意义》[2]，我当时认为，书法史上除碑学、帖学之外，真正具有“学”的价值的，“兰亭学”不应该被忽略。从《兰亭序》在历代的流传，到摹本之争，再到 20 世纪 60 年代的“兰亭论辩”，是一个多么丰富多彩的脉络。但在当时，虽然与会代表们都认为“兰亭学”的提法十分新鲜，却终究还是没有持久地推行下去。究其原因，是研究队伍的不稳定。但“西泠学”的情况可能完全不同，因为它由一个有形的社团组织在维系——

（1）“三亲”资料是指“亲历、亲见、亲闻”，是政协文史资料收集整理的原则，在近现代史研究中，它有着十分重要的指导意义。

（2）1983 年 1 月，我曾撰写过一篇《宋代“兰亭学”的兴起及其意义》，该文刊发于 1983 年绍兴召开的“纪念王羲之撰写《兰亭序》1639 年纪念大会”及《文集》上。该文集已甚为难得，故在《书画论集(三)》(华夏书画学会丛书)又予以重刊。详见该书 2002 年，第 447 页至第 474 页。

社员们的存在，他们是“西泠学”得以健康持久发展的最佳保障，并且一部西泠印社史，其实就是百年印学史、百年文化史、百年社会史，这又足以保证关于“西泠印社”的学问，有一个坚实的史学支撑点，则“西泠学”之立，岂能少哉？

当然，仅仅讨论“西泠学”是否有必要，还只是一个外围的工作。正如“红学”不但研讨《红楼梦》这部百科全书，体格宏大，甚而还已出现了各种不同的学派：比如以蔡元培为代表的“索隐派红学”；以胡适为代表的“考证派红学”；以及新中国成立后社会历史学派的“新红学”。也正如“甲骨学”在研究甲骨文时，可以分出语言学、考古学、古代科技史、殷商史、西周史、文字史、书法史及占卜、天象、祭祀、征伐、田猎、方国、法律、历法、世系、家族、制度、称谓、蚕桑、丝织、冶铸、车舆、乐器等等十几个领域，每个领域都足以再构成一个子学科。又正如“简牍学”在研究时,可以分出当时社会形态中的“册”“简”“诏”“令”“符”“侄”“牒”“检”等形式，以及兵书中的军阵、军功褒奖、署名方式、私印封泥、竹木简与用纸、文字书体与书法，还有各种内容，如秦律、算数、周易、阴阳五行、诸子、田法市法、天象、志怪等等。与碑学、帖学或文献学、金石学、校雠学、文艺学等以一个种类为界不同，“红学”“甲骨学”“简牍学”或还有《说文》学”“敦煌学”等，都是针对某一个更具体的学术对象所展开的、但却同样拥有庞大系统的“专门之学”。“西泠学”所包含的西泠印社百年史，应该也有这样的特征。

具体而言，在“西泠学”中，至少可以分出如下一些更细的学术门类：

（1）西泠印社与篆刻理论史或印学史

（2）西泠印社与金石学史

（3）西泠印社与近代学术史

（4）西泠印社与近代书画史

（5）西泠印社与近代社会史

（6）西泠印社与民国政治史

（7）西泠印社与清末民初思想史

（8）西泠印社与沪、浙地域文化史

（9）西泠印社与近代社团组织史

（10）西泠印社与艺术经济市场史

（11）西泠印社与近代艺术展览史

（12）西泠印社与文人士大夫聚会形式演变史

（13）西泠印社与出版印刷史

（14）西泠印社与印泥制作史

（15）西泠印社与收藏史

（16）西泠印社与篆刻专题创作史

（17）西泠印社与园林景观建造史

（18）西泠印社与西湖博览会史

（19）西泠印社与浙江图书馆、博物馆建设史

（20）西泠印社与国际交流史

仅凭这些西泠印社百年史中都涉及的史实与对它们所展开的多角度的研究，即足以构成一个“西泠学”的基本系统与构架。在这个构架中的每一个子项目（即上举 20 个题目中的任何一个），甚至是在这些题目之外的其他题目，都足以形成一个专题论文乃至专著的研究规模。倘若我们真能聚集人才，潜心研究这些拥有巨大潜力的课题并不断提取出有历史价值的学术观点，进而形成各种不同的“学派”，那该是一个多么蔚为大观的景象？

《西泠印社百年史料长编》这一聚集十几位年轻学子，耗费一年时间来完成的工程，即是试图在建构“西泠学”方面提供一个最基础也最真实的“资料平台”。在我们的几百个日日夜夜的讨论中，对西泠印社史的认识也在逐渐清晰，对其中的一些重要点，也开始有了更进一步的把握。如果说要排列出具体的学术课题的话，那么我以为，百年史中有几个关键阶段是不能忽视的，择其精要，大致可归为十大课题：

第一，西泠印社四君子之间的关系问题。

创社之初，“四君子”之名不胫而走。但早在 1988 年之际，我曾有文考证创社的最初，四君子中吴隐之位原应是绍兴同宗吴潮。是后来一则吴潮作为不大，二则吴隐在上海遥通声气却出了大力，这才以吴隐代吴潮[1]。这即是说，即使是四君子为谁，其实在很长一段时间之内，也是颇见含糊并且是掩盖了一丝历史真相的。除此之外，

（1）参见拙文《关于吴隐在西泠印社初期活动的考察》，《书法研究》，1992 年第 4 期。

关于上海西泠印社的创办，关于吴隐的生卒，有过很多文献上的记载。而关于上海西泠印社作为书肆与印泥工厂之与西泠印社本部的关系，在过去也是一个很含混的内容，不如今天我们对社团的认识那么清晰，正因如此，前几年才会有“西泠印泥”的商标官司以及西泠印社名称的争执[1]。不通过清晰的文献整理，我们很难对此提出有根有据的结论性意见。而在西泠印社于1904年创办到1913年开成立大会之前后，建社四君子之间也发生了一些微妙的变化。由于吴隐在上海借用西泠印社的招牌，经营企业有方，资产剧增，再回过头来投资西泠印社孤山景观，在客观上对西泠印社的扩大规模，构建许多文化景点立下功劳的同时，也利用他的财力物力，开始为吴氏祖宗树碑立像，大立“吴家祠堂”，从而引起了印社中人态度的微妙变化。西泠印社在前期的鼎盛，与吴隐的大力投入有关；但西泠印社在中期如三十年代前后不免有些涣散，与吴隐的投入中过分彰显宗族的行为难服公议有密切关系。但在目前，这些方面留存的资料还很有限，要完全理清头绪，还有很多困难，特别是在本来非常融洽和谐的四君子之间，要点出他们之间有些许的不和谐并追溯其原因，是一项在感情上十分困难的选择。但不如此，却又无法揭开早期社史的事实真相。在这方面，我们还有大量的资料有待检寻，有大量的分析与归纳工作要做。换言之，从1904年至1906年，再到1913年，是一个有待我们深入廓清其中人物活动、人际关系、所从事的各种创社工作等的重要历史时期。

第二，吴昌硕出任社长的问题。

毋庸置疑，创设与建社之初，吴昌硕并不在内。他参与印社活动，是由于吴隐的推动，当然也还有其后丁仁的积极推动。但据目前的研究积累而言，我们还很难回答如下一些问题：西泠印社为什么请吴昌硕而不是赵叔孺来执掌印社？从印风上说，不是赵对浙派的近似更胜于吴吗？又是由于什么缘故，使四君子共同决议四人决不担任社长而必须外请？吴昌硕本在上海书画界已是头面人物，他又是由于什么冲动或是基于什么考虑而决定出掌西泠印社？当时的传递方式是怎样的？最后是以什么形式被确定下来？四君子中，只有吴隐刻印不像丁仁、王禔那样是地道的浙派路数，他在推介吴昌硕介入之时，是否有希望借重吴缶老的威名来推动他的企业经营的意思在？从吴

（1）参见《西泠艺报》与《西泠通讯》2000年至2003年各期的相关内容。

昌硕担任社长之后对吴隐题匾"西泠印社"（1912）、"潜泉"（1915）的情况看，恐怕不能说其中没有丝毫痕迹在。至于吴昌硕出任社长之后，海上题襟馆金石书画会如哈少甫等，捐书画义卖在孤山上兴造"题襟馆"（隐闲楼），自是有密切沪、浙两地联系的意思在。此外吴昌硕带动日本社员参加印社活动，又用西泠印社为窗口来与日本共同举办"兰亭纪念会"（1913），皆是吴任社长对于西泠印社的积极推动作用，这些问题，在目前都还缺乏足够详细的文献记载。比如河井仙郎与长尾甲为什么被列名社籍，但其他在上海活动的日本人如岸田吟香、高濑惺轩都到过孤山却未列名社员，目前也还无法解释。其间的认定过程，我们还找不出明显的规律性内容。

第三，马衡出任社长的问题。

在1957年由王禔、秦康祥、孙智敏等撰成的《西泠印社志稿》卷二《志人》中明确点出：马衡"继吴俊卿后为本社社长。"[1]这是最权威的志稿所载，又是创社四君子之一王禔的手定稿，当然不会有错。且马衡是早期印社社员，又任故宫博物院院长，自然也有身份出掌西泠印社。沙孟海在所撰《西泠印社八十五周年碑记》中明确提出："吴先生既殁，马叔平先生继任，马先生远客京师，韩登安先生以总干事处理日常社务。"

（1）关于马衡出任西泠印社社长之事，目下文献似乎没有直接记录如仪式，如出任社长之后的发表就职演说及其他标志性的行动的文字。这些，都是今后社史研究应作为重点课题来对待的。张锐《重阳忆旧话西泠》一文，载于《西泠往事》第289页，又见《西泠群星》第49页。张锐文择要引如下：

由于日寇侵华，杭州沦陷，印社几位创办人如王禔、丁辅之、叶品三三位先生以及在杭诸社员，相继离杭，暂时避居沪地……当时就委托原住印社的秋生君看管社址，他的生活费由三位老先生每月凑集了托人带到杭州去。待到十四年抗战胜利，所幸社址基本无恙，当然也亟须修理与整顿。与此同时，王、丁、叶三位老前辈和在沪诸社员亦相继返杭，遂积极计议恢复开展社务活动，除一面修缮房屋、整理物品外，最主要还要把社长人选确定下来。因为那时吴昌硕先生早已作古，而王、丁、叶三位先生仍一如既往，彼此谦让，谁也不肯担任社长。由于王福老曾在北京主持过印铸局工作，他一时间想到了当时在北京担任故宫博物院院长的马衡先生……因此，当王福老一提出请马衡先生担任社长，立刻得到丁、叶两位与其他社员的赞同。经过函电磋商，马先生也同意了。大会之前，我和丁辅之、王禔等几位先生在四照阁品茗，谈到请马先生做社长的事。座中有一位章劲宇先生对几位老先生说道："我真不明白，你们几位先生辛辛苦苦地办起了西泠印社，而大家却不肯当社长，一定要请别人？"王福老莞尔笑道："我们创办印社，并不是想当社长啊！"说得大家都笑起来。事后，章劲宇先生对几位老先生虚怀若谷的谦逊精神深表钦佩、赞不绝口。

据此，则"大会"应该是在抗战胜利后，应是指西泠印社于1947年丁亥重九补行印社创立四十周年纪念。此会题名共80人，张锐（绶葆）时年31岁，正在其列。丁亥重九提名中马衡亦在其列，时年67岁，可见他当时参与其盛。但丁亥重九纪念大会上并没有马衡任社长的任何仪式与文献记载，吁，可怪也。

但从学术研究的角度看，其中还有许多未明之处，比如马衡出任社长的具体年份。如果是吴昌硕过世（1927）后即行选任，则韩登安当然还不够年资来任“总干事”；如果是在韩任总干事的20世纪40年代中后期，则叶为铭、吴隐早就去世，也无法磋商此事了。此外，张锐《重阳忆旧话西泠》文中提到“经过函电磋商，马先生也同意了”。这些“函电”的原始文件也寻检不得。而且，马衡出任社长，有没有什么仪式？又，他任社长之后，人在北京，又是通过什么方式来遥领社事的？考虑到当时正是抗战或内战，也许未可以常理来推测，但这一段史料的匮乏却是有目共睹的。在阮性山、韩登安撰的《杭州西泠印社》一文中，还提到“西泠印社社长先后公推吴昌硕、哈麐、马衡诸人担任”(1)，是则马衡之前，还有一位哈少甫担任过社长？哈少甫是吴昌硕的副职、海上题襟馆金石书画会副会长，他有否担任过西泠印社社长？为什么《西泠印社志稿》不载？或是阮性山、韩登安笔误？

第四，关于春秋雅集及题名问题。

西泠印社每年春、秋两季进行雅集，一般是选清明与重阳之节庆。每位社员皆携各自创作或收藏的金石书画到社，互相观赏，同时举行公祭。公祭的对象为已故社友及已故赞助人。但一则是春、秋两季雅集是否每年皆能如期举行？有否断过？至于“公祭”更牵涉到一个对象问题：比如“已故社友”，是经过怎样的程序来认定的？“已故赞助人”，又是以什么标准来认定？或是由谁（具有何一种身份）来认定？此外，印社每隔十年举办“金石书画展览会”一次。展览场地？展览内容或展品目录？展览的起讫？目前只有《西泠印社三十周年纪念刊》和1923年二十周年举办过“金石家书画作品展”的记载(2)。是“金石书画”展览，还是“金石家”身份的书画作品展览？各处记载并不一致。至于西泠印社的历次题名，如“壬子题名”“辛酉题名”“丁亥重九题名”和“戊子题名”中，也有许多人名尚无法判断是具有社员身份还是只限于偶然客串的萍踪客？或许，早期西泠印社是一个松散的同人社团，并不严格；但这作为解释自无不可，而要做研究，则不能仅以一个“不严格”来自欺欺人。

(1) 文见阮性山、韩登安《杭州西泠印社》，转载于《杭州文史丛编（5）》，杭州出版社，2002年，第532页。相类似的记载，又见于《方介堪先生诞辰100周年纪念文集》，第39页，《方介堪先生年表简编（增补）》1928年条。

(2) 西泠印社二十周年纪念时，曾主办展览：“金石家书画千余幅于社，张挂四壁，一时文采风流，声闻远播。”见《西泠印社三十周纪念刊》。

弘一法师（中）

第五，西泠印社与其他印社的关系问题。

百年印学史中，成立印社的情况十分普遍。仅浙江省一域，前有“乐石社”，后有“龙渊印社”，与西泠印社同处一域。而在上海，则除上海的西泠印社书肆之外，也有宣和印社等同样是经营文房印具的印社开张。而有趣的是，这些印社中的大多数人，都加入过西泠印社，在人员交叉重叠方面，这是一个十分有趣的现象。

弘一法师李叔同，是早期西泠印社社员。据载他于 1914 年加入西泠印社后，即与他任教的浙江省立两级师范学堂学生邱志贞、陈达夫、陈伟及教师经亨颐、费

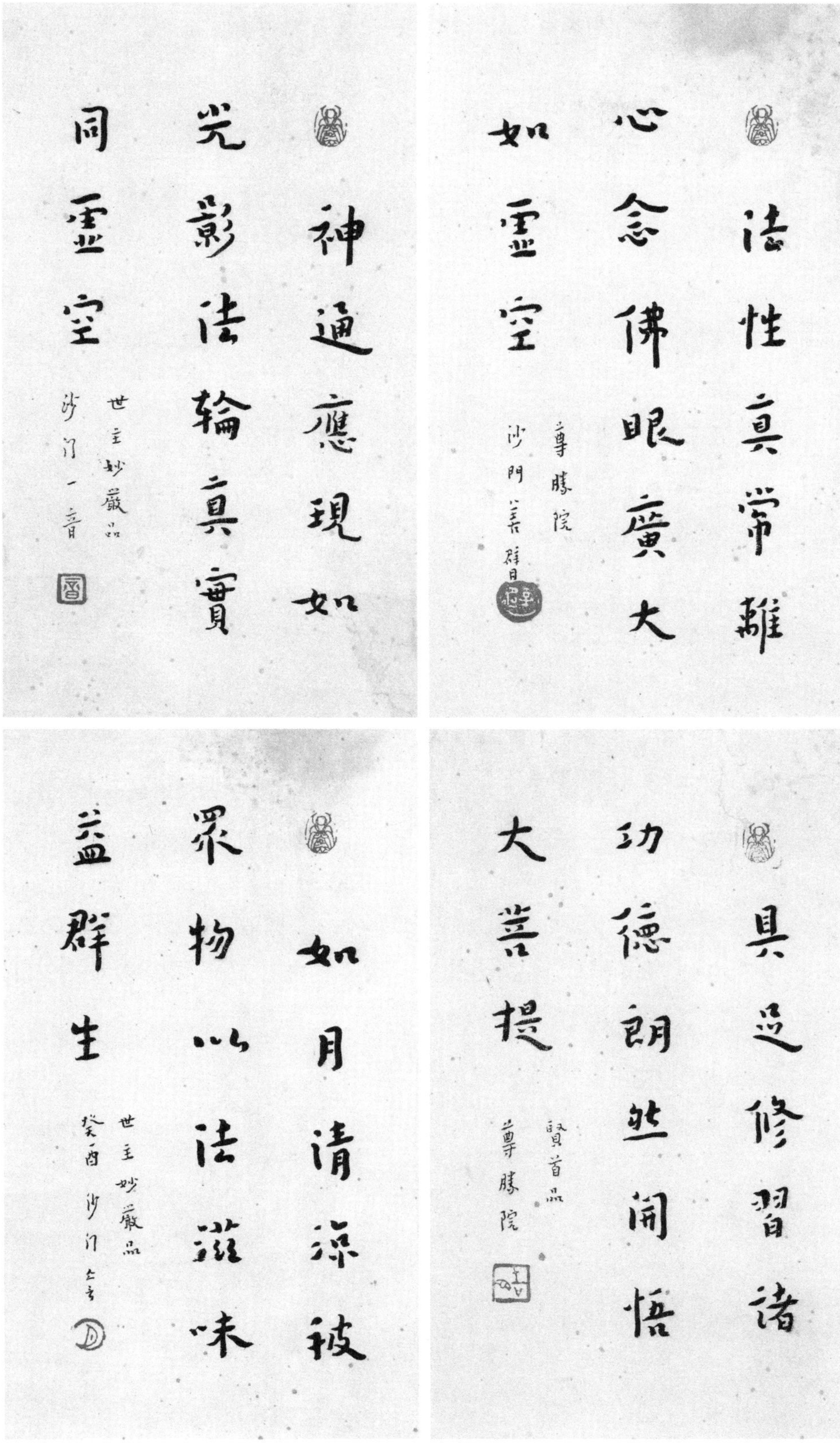
法性真常離
心念佛眼廣大
如虛空
尊勝院
神通應現如
光影法輪真實
同虛空
世主妙嚴品
沙门一音
具足修習諸
功德朗然開悟
大菩提
賢首品
尊勝院
如月清涼被
眾物以法滋味
益群生
世主妙嚴品
癸酉

弘一书偈语

龙丁共同组织“乐石社”并被推为社长[1]，定期雅集，还编印《乐石集》十册，附《社员藏印》及《乐石社社友小传》。至1917年更名为“寄社”，当时的学生潘天寿、丰子恺皆参与其间。西泠印社叶为铭还为刻“乐石社玺”，而李叔同自己也热衷于此。但4年之后的1918年他入虎跑寺正式出家前，又将所藏印章赠西泠印社，由叶为铭凿“印藏”龛以庋藏之。其后在1923年，李叔同（弘一法师）又为杭州西泠印社书《阿弥陀经》一卷，刻石幢立于孤山之顶。如此念念不忘西泠印社，“乐石社”或“寄社”又怎生处措？

中期的龙渊印社也颇有意味。抗战时，西湖博物馆馆长金维坚、韩登安、金石寿、余任天等在1945年初于永康成立龙渊印社，钻研篆刻。此前，韩登安早已是西泠印社社员，余任天后也在1979年加入西泠印社，但他们在龙渊印社期间仍旧热心钻研印学，还编辑、誊印、发行《龙渊印社月刊》[2]，抑或是当时西泠印社停办而无人主持？抑或是韩登安等在当时也有另张新帜之意？但从韩氏回杭州即任西泠印社“总干事”一事度之，似乎又不是如此。

至于同一时期在上海的“宣和印社”以方氏兄弟为核心的活动，无论是印谱出版、印泥制作，都已远远超过日渐萎缩的西泠印社在上海的书肆企业，其间，或许还有一个商业竞争的因素在？

还有如王禔在北京，与马衡等共同发起组织“圆台印社”“冰社”，几乎让人以为王禔扎营京华不再眷顾西泠孤山了，但他又回过头来敦请马衡来任西泠印社社长……所有这些，大约都可以构成一个印社社团史的研究课题而引导我们不断深入下去。

第六，新中国成立初的西泠印社恢复问题。

在经历了政权更迭最初的混乱之后，西泠印社从被停止、被误解、被禁止的尴

（1）参见陈星：《李叔同》，湖北美术出版社，2002年，第98页至第101页，附《李叔同艺术年表》1914年条、1918年条、1923年条。

（2）龙渊印社的经历情况，林乾良社兄多有宏文论及。该社成立于1945年的永康。参与者有金维坚、韩登安、余任天、毕茂霖等，最兴盛时有社员104名，远涉江苏、福建、安徽、河北、湖南、江西、四川等。还有《龙渊印社月刊》。至1948年逐渐消亡。较详细的研究论文，可参见陈金彪：《龙渊印社的盛衰及其意义》，《浙江近现代书法研究文集》，浙江美术学院出版社，1992年，第357页至第365页。

尬处境中逐渐解脱出来。目前所知道的早期资料，是张宗祥于1955年在浙江省人大提出议案，建议恢复西泠印社活动。但在这之前的情况，却还是有许多不同的记载。比如1949年病重中的丁仁与王禔商量把西泠印社交给共产党；其后王禔于1951年夏会同吴隐之子吴振平，约请社员邵裴子、陈锡钧代转杭州市人民委员会，要求捐献西泠印社的房产、土地、社藏文物，但要求不改变“西泠印社”名称。是年9月杭州市接受。但又有记载是省文管会接受文物，市房管会接收房产。当时的接收，捐献方由谁代表？接收方究竟是哪家单位？当时的文物有哪一些？有无清单目录？与今天的印社所藏有哪些差距？又在1951年捐献之后直到1955年张宗祥交人大议案之时，西泠印社有过什么样的记录？还是一片空白？韩登安、阮性山等在当时从事何业？而杭州与上海的社员如王禔、吴振平等有否联络？是杭州方面自行裁定？还是接受上海方面王禔的指示？西泠印社的收归国有，与新中国成立初的公私合营运动是否有某些关联？在这期间，作为西泠印社社长的马衡，曾起到过什么样的作用？王禔在上海的某些意见，会不会与在北京的马衡商量？马衡于1955年谢世，正是在这一年张宗祥做出人大议案。当时有没有考虑过马衡的因素？在恢复阶段，重新启用韩登安的理由是什么？是由印社内部推荐还是由政府方面指定？更进而论之，当时有没有一个完整的“印社内部体制”？

第七，张鲁庵捐献印谱问题。

在西泠印社百年社史中，张鲁庵捐献印谱与古印，是一件惊天动地的大事。作为印社社员，他本来就是上海“群体”中的核心人物。高式熊创作《西泠印社同人印传》时的首倡者即是他。不但如此，他还在1953年，请高式熊编《张鲁庵所藏印谱目录》分送同好，且有启事称“如欲校对版本、考核印章，通讯来询，愿为奉答，以求互相研究，最所盼望”，又曾组织“中国金石篆刻研究社”，有社员108人。但关于他生平经历资料仍十分匮乏，目下只知道他是杭州名店张同泰药行的子弟。但这样一位对中国印谱史研究、收集、保藏立下不世奇功的印社中人，还没有一份最简单的生平年表可供参稽，也没有专门的研究论文来研究他，至于他的印谱收集过程，也没有哪怕是最初步的记载。至于他的捐献，是在世时即表示捐给国家，而由杭州方面争取，又协调上海方面的态度，最后由张夫人叶宝琴遵其遗愿才捐往西泠印社，这个过程在最近一些老辈社员的回忆录中已有论及[1]，但也还只是粗具框架，尚难落实其中的所有细节。关于张鲁庵捐献印谱的详细目录也尚未公开。我曾因为编《中国印谱史图典》而全部翻阅一过，才知其规模之大出乎想象。如何树立张鲁庵的印社功臣的形象，应该是西泠印社史研究的一项亟待去做的工作。此外，他的"中国金石篆刻研究社"及108个社员的情况，在目前，我们连最粗浅的资料也还付之阙如。

第八，关于《西泠印社志稿》编撰问题。

在将西泠印社的社藏文物与社产捐给国家之后，西泠印社经历了一次从私人性质的同人印社转成国办、官办的大转换。正是在这样的大背景之下，印社中的长老们认为应该编一部翔实的资料文献以记录这段50年风云变幻的历史。

据记载，《西泠印社志稿》是由王禔指导，秦康祥执笔记录，孙智敏作序，但在许多文献史料中也有不同的记录。比如认为最早构思《志稿》并拟出体例的，是孙智敏而不是秦康祥，因此《西泠印社志稿》应出自孙智敏之手。又有"别说"认为首先对《志稿》进行指导的，是垂暮之年居于上海的叶为铭。因为他编过最早一本《西泠印社志》，王禔是后来介入的。此外。关于《志稿》的内容共分6卷，其中尤其对于社员名册的"志人"部分，"遗漏"颇多，有认为是王禔的主观裁夺所致；也有认为西泠印社本来称"社员"、称"社友"即有随意性，入社也不像今天要有介绍人要有申请表格填写，许多人本来就在两可之间，算不上遗漏；但倘界限本来不清，那么《志稿》中的60个社员又是根据什么来定的？丁亥题名与戊子题名中人，为什么有的不进社员名录？是秦康祥或孙智敏的个人意见？还是长老如王禔的看法？至少，西泠印社1915年叶为铭的《志》和1957年王禔、秦康祥的《志稿》，以及《西泠印社三十周年纪念刊》还有各项"题名"，把此中的各份名单对照一下，即可以发现许多极有价值的社史信息并引导我们继续深入探究其间奥妙。

第九，西泠印社六十社庆筹办问题。

从1956年西泠印社筹备恢复活动开始，1957年日本书法代表团丰道春海、青山

(1) 张鲁庵捐献印谱事，可参见孙晓泉《西泠情愫》之《望云草堂记——张鲁庵家属捐献印章印谱记实》，中国美术学院出版社，2002年9月，第55页至第58页。该文是当事人回忆，当最为可信。

杉雨即来杭州西泠印社访问并交流[1]。以它为标志,西泠印社全面复苏。先是成立“西泠印社筹备委员会”，设立门市部，又于1959年举办“国庆十周年金石书画展”，又于1962年成立“印社六十周年纪念筹备委员会”。似乎是两个“筹委会”同时工作，直到1963年才正式召开“西泠印社六十周年社庆纪念会”。成立60年来第一个理事会，以“选举”而不是推介的方法选出新的社长，及设若干副社长。这些机制上的新举措，都与以前的西泠印社不同。但在“筹备委员会”的工作展开过程中,有许多第一手材料，是只见于私人日记、回忆录（如韩登安、阮性山、沙孟海等），或只见于当时印社的会议记录。由于“文化大革命”浩劫，有些记录已散佚，也有些则存于私人之手而没有公之于众，使这部分文献资料无法被利用。比如当时主持西泠印社恢复的“筹备委员会”拟定了哪些计划？经费来源？各位委员的个人意见？又比如六十周年社庆的计划制定，学术报告人的指定程序，展品的借用与布置，六十年代社员身份的认定，和社员作品展览的征稿方式；捐献展品的界定，张鲁庵藏品的展出情况与其他如吴东迈捐献藏品的情况，目前似乎也还缺乏一些详细的资料。又如六十周年社庆之后两年即1965年，传闻西泠印社还举办过“纪念吴昌硕诞辰120周年书画篆刻展览”，目前也还不是都有文献可供引证的。由于这是在《西泠印社志稿》刊行之后的史事，没有现成的资料可供按图索骥，还有待于我们做大量的发掘与整理。

第十，西泠印社七十五周年纪念大会问题。

“文化大革命”十年，西泠印社与其他社团一样，陷入停顿状态，大批老社员含冤谢世，人才凋零。直到“文化大革命”结束后，西泠印社于1979年12月8日召开“西泠印社七十五周年社员大会”，举行学术报告会与王个簃捐献授奖仪式，沙孟海当选社长。自此以后，印社理事会正常活动，每年吸收新社员。这次社员大会，出席的老社员仅18人，新社员32人。但关于此次大会的许多原始材料也还不充分。比如从“纪念大会”改成“社员大会”的缘由，新社员的认定方式，修改社章问题，以及大会筹备的许多细节情况，沙孟海被选为社长的考虑，副社长不再限于江、浙、沪而有

（1）关于1957年日本书法代表团丰道春海、青山杉雨访问西泠印社事，可参见拙著《现代中国书法史》，河南美术出版社，1993年，第281页至第282页、第288页至第293页。现在西泠印社的文物库房中，还保留着当年杭州的老一辈书画家如沙孟海、陆维钊、诸乐三等在孤山上泼墨挥毫与日本访华团的书法家进行交流的照片。记得在陆维钊师家中，陆师母李怀恭女士也曾给我看过陆师接待日本书画家在孤山挥毫的照片。

北京的启功,或还有不长刻印以画闻名的程十发,还有名誉社长赵朴初。种种情况表明,这时的西泠印社，在办社思路上有了一些转变。地域不断扩大至全国，虽以篆刻为中心但也扩大至书法特别是中国画，至于走精英路线与名家路线，更是一个显见的特征。而沙孟海任社长后反复呼吁要“研究印学”，把西泠印社办成“国际印学研究中心”，重视理论而不只热衷于篆刻创作，这些也皆是过去专注于刻印、编印谱、雅集的方式所不具备的新的思路。关于这一时期的西泠印社社史，资料当然也还缺乏，但对之进行理论上把握的文章很少。比如“兼及书画”问题，比如“重理论研究”问题，都需要我们对之从社史角度去做一个“学术定位”。作为100年的历史，每个关键时期的转折（转型）都应该有理论界说与历史发展脉络的梳理。但很显然，目前这方面的成果极其匮乏。

西泠印社百年社史研究中的十大课题，还只是我们对这部规模巨大的《西泠印社百年史料长编》做初步解读后摘出的感想。相信每一遍阅读它，肯定还会整理、归纳出二十个、三十个有重大价值的学术课题来。这就是建立“西泠学”这一专门学问的意义所在——只要构成了“西泠学”，对它的有序发掘与深入研究，便会永无止境，“身入宝山空手而归”是一句古谚语。我们至少已经有足够的自信心，认定这部80万言的《西泠印社百年史料长编》，是一座名副其实的“宝山”。这座“宝山”是那么庞大繁杂，有时甚至会让我们心生畏惧、望而却步，不敢去直面，或没有勇气直面它的伟岸、壮观与博大。我以为，在翻阅这部《史料长编》的过程中，肯定会有人因缺乏耐心与毅力而不得不“望洋兴叹”“空手而归”。但作为西泠印社中人的我们，作为一名社员，作为从事这一巨大工程的浙江大学中国艺术研究所的博士后、博士与硕士们，作为不断向撰稿者和作业者提供资料的印社办公室的同行们，我们不应该“空手而归”。祖宗前辈们给了我们一笔无比丰厚的文化遗产，我们不去重视它、使用它、研究它，那是太有负于历代社员名家们的厚望了。

谨以此书，纪念为西泠印社做出过巨大贡献的吴昌硕、马衡、张宗祥、沙孟海、赵朴初前辈！纪念为西泠印社创办呕心沥血的印社四君子与已故社员们！

附 言

附一

本书在撰写过程中[1]，尽量多关照已故社员的丰功伟绩。对于健在的社员则尽量略写，留待以后再作“续篇”研究。在文中只对两位作例外处理：一位是德高望重的现任社长启功先生，另一位是1947年入社的高式熊先生。因为他们的缺席，百年印社史脉络有不完整之处。特此说明，还乞社中先进鉴谅。

附二

本书撰写正逢百年社庆，在当时是作为社史研究概论性著作，提出“西泠学”新概念，形成学科项目门类而撰写的。二十年过去了，回首看看，当时的文章还是拥有现实意义，具有明显的代表性。这些年来，启功先生、高式熊先生及社中耆老相继谢世，原貌保留《研究导论》在二十年前的思想轨迹、思考方式、问题意识，使之作为一个历史“定格”而重新面世，应该是具有“历史意识”的一种深沉厚重的学术表现。

陈振濂

2021年9月1日

（1）书稿写于2003年5月。

图书在版编目（CIP）数据

西泠印社史研究导论 / 陈振濂著. -- 上海 : 上海书画出版社, 2021.9
（陈振濂学术著作集）
ISBN 978-7-5479-2742-7

Ⅰ. ①西… Ⅱ. ①陈… Ⅲ. ①西泠印社—历史—研究 Ⅳ. ①G239.22

中国版本图书馆CIP数据核字（2021）第192334号

陈振濂学术著作集

西泠印社史研究导论

陈振濂　著

责任编辑　张怡忱　田程雨
编　　辑　杨少峰
审　　读　雍　琦
责任校对　倪　凡
整体设计　瀚青文化
技术编辑　包赛明

出版发行　上海世纪出版集团
上海书画出版社
地　　址　上海市延安西路593号　200050
网　　址　www.ewen.co
www.shshuhua.com
E-mail　shcpph@163.com
制　　版　杭州立飞图文制作有限公司
印　　刷　浙江海虹彩色印务有限公司
经　　销　各地新华书店
开　　本　787×1092　1/16
印　　张　10.25
版　　次　2021年10月第1版　2021年10月第1次印刷

书　　号　ISBN 978-7-5479-2742-7
定　　价　88.00元